CODE

DE LA PRESSE

Saint-Amand (Cher). — Imprimerie d: Destenay.

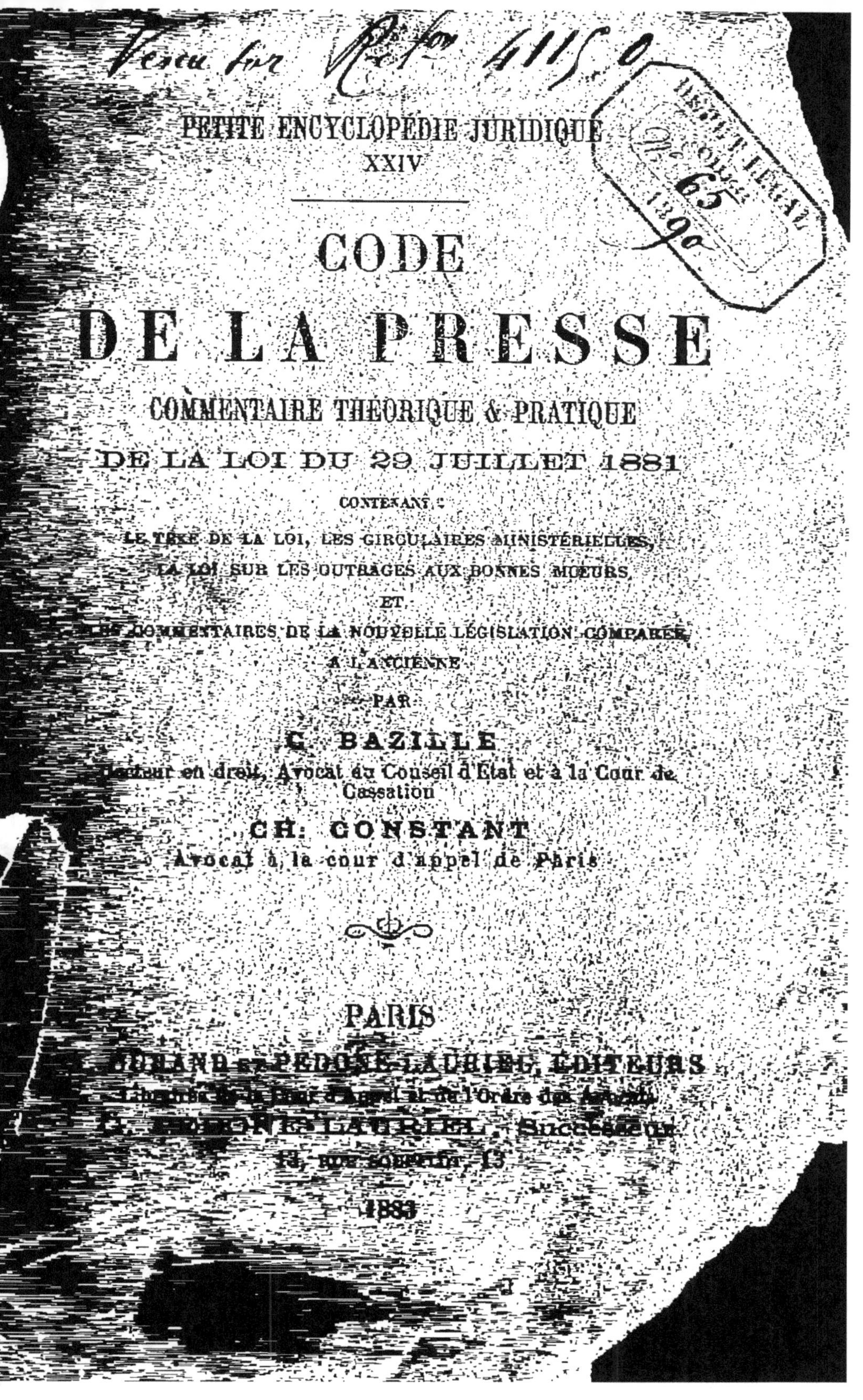

PETITE ENCYCLOPÉDIE JURIDIQUE

XXIV

CODE
DE LA PRESSE

COMMENTAIRE THÉORIQUE & PRATIQUE

DE LA LOI DU 29 JUILLET 1881

CONTENANT :

LE TEXTE DE LA LOI, LES CIRCULAIRES MINISTÉRIELLES,

LA LOI SUR LES OUTRAGES AUX BONNES MŒURS

ET

LES COMMENTAIRES DE LA NOUVELLE LÉGISLATION COMPARÉE

A L'ANCIENNE

PAR

C. BAZILLE

Docteur en droit, Avocat au Conseil d'État et à la Cour de
Cassation

CH. CONSTANT

Avocat à la cour d'appel de Paris

PARIS

DURAND et PEDONE-LAURIEL, ÉDITEURS

Libraires de la Cour d'Appel et de l'Ordre des Avocats

G. PEDONE-LAURIEL, Successeur

13, RUE SOUFFLOT, 13

1883

CODE
DE LA PRESSE

COMMENTAIRE THÉORIQUE & PRATIQUE

DE LA LOI DU 29 JUILLET 1881

CONTENANT :

LE TEXE DE LA LOI, LES CIRCULAIRES MINISTÉRIELLES,
LA LOI SUR LES OUTRAGES AUX BONNES MOEURS

ET

LES COMMENTAIRES DE LA NOUVELLE LÉGISLATION COMPARÉE
A L'ANCIENNE

PAR

G. BAZILLE

Docteur en droit, Avocat au Conseil d'État et à la Cour de
Cassation

CH. CONSTANT

Avocat à la cour d'appel de Paris

PARIS

A. DURAND et PEDONE-LAURIEL, ÉDITEURS
Libraires de la Cour d'Appel et de l'Ordre des Avocats
G. PEDONE-LAURIEL, Successeur
13, RUE SOUFFLOT, 13

—

1883

INTRODUCTION HISTORIQUE

INTRODUCTION HISTORIQUE

————

Avant l'invention de l'imprimerie, l'Etat s'est préoccupé de surveiller et de contenir les manifestations de la pensée dans des limites étroites. En 1275, l'Université publiait des statuts aux termes desquels étaient placées sous sa juridiction la transcription et la vente des livres.

C'est l'Université qui excerçait la censure préalable sur tous les manuscrits, et ceux-ci ne pouvaient être mis en vente sans sa permission; c'est elle qui était en quelque sorte le seul éditeur responsable des livres qui paraissaient : patronne des libraires, l'Université les déclarait ses suppôts, leur imposait le serment et l'obligation de fournir des cautionnement; copistes, miniaturistes, enlumineurs, tous ceux enfin qui prenaient une part quelconque à la fabrication matérielle des manuscrits, dépendaient de l'Université.

Quand l'imprimerie fut installée en France, après quelques marques de sympathie pour les imprimeurs, la Sorbonne et l'Université ne tardèrent pas à s'unir (7 juillet 1533) pour attaquer et détruire la « diabolique invention, qui enfante chaque jour une infinité de livres pernicieux ; » et, par lettres patentes du 3 janvier 1534, François Ier, supprimait l'imprimerie dans tout le royaume, menaçant de la pendaison tout imprimeur réfractaire à cet édit. Il est vrai qu'en présence de la résistance énergique du Parlement qui refusa d'enregistrer les lettres patentes et fît des remontrances au roi, François Ier « le protecteur des lettres », ne tarda pas, suivant en cela les nobles inspirations de la belle Marguerite de Navarre, à revenir sur sa première décision, et se contenta d'ordonner au Parlement d'élire vingt-quatre personnes « bien qualifiées et cautionnées, » sur lesquelles le roi en choisirait douze, « pour imprimer à Paris les livres approuvés et nécessaires au bien de la chose publique. »

L'imprimerie fut dès lors décorée, par le roi lui-même, du nom d'art divin ; mais les imprimeurs n'en restèrent pas moins soumis à l'obligation d'un brevet pour l'exercice de leur profession et demeurèrent sous la tutelle sévère du parlement de Paris, qui, le 2 août 1546, condamnait notamment

Etienne Dolet à être torturé, pendu, puis brûlé avec ses livres, pour avoir imprimé des ouvrages « damnables, pernicieux et d'hérétique doctrine. »

Plus tard, sous Henri II, un édit obligea les libraires et imprimeurs à résider dans le quartier de l'Université. Aux termes des réglements, alors en vigueur, aucun livre ne pouvait être imprimé sans nom d'auteur, sous peine de 500 livres d'amende et même de bannissement; il était défendu : d'imprimer des livres relatifs à la foi chrétienne, sans qu'ils aient été soumis au préalable à la faculté de théologie; de publier des livres de médecine, sans qu'ils aient été vus et visités par trois docteurs ; de mettre en vente tout livre, ancien ou moderne, sans l'avoir communiqué à un censeur.

Un édit de Charles IX (1563) défendit d'imprimer aucun livre sans l'approbation et privilége du roi. Confirmé et renouvelé, cet édit demeura en vigueur jusqu'en 1789.

Sous Henri IV, les manifestations de la pensée furent moins entravées, et ce n'est que sous Louis XIII que reparurent avec éclat l'arbitraire et la violence. Dans une ordonnance de 1629, le roi déclare que « la facilité et la liberté d'imprimer amène chaque jour de grands désordres, trouble la paix et le repos de l'Etat, y apporte la corruption des mœurs, de mauvaises et pernicieuses doctrines, et qu'il est dans l'obligation d'y apporter un reméde puissant ; »

et les auteurs de pamphlets contre Richelieu sont enfermés à la Bastille. Pendant la Régence, les imprimeurs ou colporteurs de Mazarinades sont envoyés aux galères ; et quelques années après, les libraires chez lesquels se rencontraient des libelles contre le Grand Roi risquaient fort de payer leur audace du dernier supplice.

De 1660 à 1756, s'il faut en croire certaine statistique, près de neuf cents auteurs, imprimeurs ou libraires furent conduits à la Bastille, comme ayant publié, imprimé ou vendu des livres contraires aux mœurs, à la religion ou au roi. Ces chiffres ont leur éloquence. Le règne de Louis XV aggrava encore cet état de choses ; par des ordonnances portant la date de 1757, l'autorité royale adressa aux jansénistes « l'injonction du silence » et punit de mort « tout auteur d'écrits tendant à émouvoir les esprits ! »

Deux phrases semblent résumer et caractériser la législation de la presse, sous l'ancien régime : «Messieurs, disait Duclos, en 1770, parlons de l'éléphant, c'est la seule bête un peu considérable dont on puisse parler en ce temps-ci, sans danger. » — Labruyère avait déjà dit : « Un homme né chrétien et Français est fort embarrassé pour écrire, les grands sujets lui étant interdits, et les petits lui étant défendus. »

Ce régime de compression et d'arbitraire imposé

aux manifestations de la pensée, n'empêcha pas cependant cette littérature du xviiie siècle qui a bien toutes les audaces et toutes les effronteries ; n'arrêta pas davantage la diffusion des beaux écrits de Montesquieu, de d'Alembert, d'Helvétius, de Diderot et de Voltaire ; ce qui prouve combien les écrivains français surent heureusement éluder les édits royaux sur l'imprimerie et démontre surabondamment, ce nous semble, l'impuissance et l'inutilité de toutes les lois draconiennes dont nous venons de citer quelques exemples.

« La presse sera libre, disaient en 1789 les Cahiers de Nîmes, les Etats chercheront les moyens d'en prévenir les abus, sans que la connaissance puisse en être attribuée aux cours judiciaires, à moins qu'il n'y ait partie civile plaignante. » Le journal la *Banlieue de Paris* examinant la question, la résolvait en ces termes : « Tout citoyen a le droit de parler, écrire, imprimer sans être soumis à aucune peine, si ce n'est en cas de violation des droits d'autrui, déclarés tels par la loi. »

Le 24 août 1789, l'Assemblée nationale décrétait que « tout citoyen peut parler, écrire, imprimer librement ; » et dès 1788 Mirabeau, sans avoir jamais à le regretter, écrivait : « Le vrai remède à tous les maux, c'est la liberté de la presse, née de cet art tutélaire de l'imprimerie, ce dépôt impérissable des connaissances humaines qui doit être à jamais la consolation des sages, la lumière des peuples, l'effroi des tyrans. Sans la liberté de la presse, il ne peut exister ni instruction ni constitution. Et qu'on ne vienne pas objecter la licence qui peut en résulter ; les restrictions en ce genre, ainsi que dans tous les autres, ne gênent que les honnêtes gens, comme la contrebande ne sert que les fripons ; il en est de cette précieuse liberté comme de la lance célèbre qui seule pouvait guérir les blessures qu'elle avait faites. »

La Constituante de 1791 se borna, pour toute législation sur la presse, à rappeler la *Déclaration des droits de l'homme* ; mais la Convention s'occupa, à plusieurs reprises, de poser des limites au droit d'écrire. Un décret de 1793 porte : « quiconque sera convaincu d'avoir composé ou imprimé des ouvrages ou écrits provoquant le rétablissement de la royauté, sera puni de mort. » On sait que du Rozay, rédacteur de *l'Ami du Roy*, fut condamné à mort en vertu de ce décret, également appliqué à Cazotte.

Cette terrible législation due à la majorité des membres composant le Comité de salut public, ne sauva pas Robespierre. Lorsqu'il tomba, le 9 thermidor 1794, la liberté de la presse fut ardemment réclamée ; mais un rapport de 1797 présenta les rédacteurs de journaux comme complices des conspirations royalistes, et le conseil des Cinq-Cents prit cette résolution : « Les journaux, les autres feuilles périodiques et les presses qui les impriment seront mis pendant un an sous l'inspection de la police, qui pourra les prohiber, en vertu de l'article 755 de l'acte constitutionnel. » Les rédacteurs de soixante-sept journaux furent condamnés à la déportation.

Enfin une loi du 30 septembre 1797 assujettit les journaux au timbre. Toutes ces persécutions contre la presse, faites dans l'intérêt de la République, ne préservèrent pas celle-ci de la ruine, et le Consulat et l'Empire démontrèrent aux Jacobins l'inanité de leurs lois de compression et d'arbitraire.

Le consul Bonaparte, par un décret du 17 janvier 1800, réduisit à treize les journaux politiques de Paris, « pendant toute la durée de la guerre, » et réserva à l'administration le droit de supprimer tous les journaux qui méconnaitraient le respect dû « au pacte social, à la souveraineté du peuple et à la gloire des armées, ou qui publieraient des invectives contre les gouvernements ou les nations unies ou alliées de la République. »

Mais ces mesures n'étaient que provisoires, nécessitées par les circonstances. Les idées du premier consul, en ce qui concerne la presse, semblent entièrement différentes, si l'on se reporte à sa lettre du 22 janvier 1806, insérée au *Moniteur* : « Il n'existe point de censure en France, disait l'Empereur, tout

citoyen français peut publier tel livre qu'il jugera convenable, sauf à en répondre. Aucun ouvrage ne doit être supprimé, aucun auteur ne doit être poursuivi que par les tribunaux ou d'après un décret de Sa Majesté, dans le cas où l'écrit attenterait aux premiers droits de la souveraineté et à l'intérêt public. Nous retomberions dans une étrange situation si un simple commis s'arrogeait le droit d'empêcher l'impression d'un livre ou de forcer un auteur à en retrancher ou y ajouter quelque chose. La liberté de la pensée est la première conquête du siècle ; l'Empereur veut qu'elle soit conservée : il faut seulement que l'usage de cette liberté ne préjudicie ni aux mœurs, ni aux droits de l'autorité suprême. »
On sait que les événements politiques modifièrent singulièrement l'application de ces principes. Cependant, après le retour de l'île d'Elbe, l'Empereur disait encore, le 7 juin 1815 : « La liberté de la presse est inhérente à la constitution actuelle ; on n'y peut rien changer, sans altérer tout notre système politique. »
La Restauration n'affirma qu'à ses débuts la liberté de la presse, et l'article 8 de la Charte de 1814 fut vite oublié. La loi du 21 octobre de la même année établit la censure préalable ; le 8 août 1815 une ordonnance arrêtait que nul journal ne paraîtrait sans une autorisation du ministre ; et il fallut les scandaleuses condamnations de Scheffer, de Cheva-

lier, de Reynaud et de Féret, pour amener les célèbres lois des 17 et 27 mai 1819, qui présentent un grand progrès sur la législation antérieure et sont demeurées en vigueur jusqu'à nosjours.

Les lois de 1819 supprimaient la censure, donnaient au jury la répression des délits de presse, permettaient à tout citoyen jouissant de ses droits civils de fonder un journal après une simple déclaration, imposaient l'obligation d'un cautionnement et frappaient le journal d'un droit de timbre.

Ce régime libéral, qui était cependant loin d'être celui de la liberté, eut peu de durée sous le gouvernement de la Restauration ; l'attentat de Louvel contre le duc de Berry amena une réaction, et l'ordonnance du 30 mars 1820 rétablit contre la presse toutes les rigueurs d'antan.

En 1822, la situation de la presse s'aggrave encore par la création des procès de tendance ; c'est l'époque où le *Courrier français* est poursuivi parce que, disait l'acte d'accusation, « la succession de ses articles est de nature à porter atteinte à la paix publique ! » Mais c'est aussi l'époque où la presse, répondant à ces persécutions et à ces tracasseries par sa vaillance, jette aux ministres cette parole accablante : « L'impudence de certaines tyrannies s'explique quand la médiocrité arrive aux premières places ; elle a alors toute l'insolence d'un parvenu.»

En vain M. de Peyronnet saisissait la Chambre

d'un projet de loi sur la presse, devenu célèbre
sous le nom dérisoire de, « loi de justice et d'a-
mour ; » en vain la loi du 18 juillet 1828 supprimait
la nécessité de l'autorisation préalable, et réduisait le
chiffre du cautionnement; les élections de 1827 avaient
été une protestation indignée contre les ennemis
de la liberté, les ordonnances de Juillet vinrent mettre
le comble aux injures dont la monarchie du droit
divin avait été prodigue envers la presse, et la Révolution de 1830 se faisait sur ce mot prononcé par le
duc d'Orléans, entrant le 31 juillet à l'Hôtel de Ville :
« Il n'y aura plus de délits de presse : »

Il y en eut pourtant encore sous le règne de
Louis Philippe ; la *Tribune* n'en subit pas moins ses
cent deux procès en quatre ans, et les lois de septembre 1835 donnèrent un singulier démenti aux
promesses du roi-citoyen. Les restrictions, apportées
sous la monarchie de Juillet, à la liberté de la presse
n'empêchèrent pas celle-ci de se développer et
d'acquérir une importance considérable sous l'im-
pulsion d'Emile de Girardin, qui restera le fondateur en France de la presse à bon marché.

La Révolution de 1848, à l'exemple de tous les
gouvernements antérieurs, promit la liberté de la
presse et l'accorda même par le décret du 4 mars ;
mais, avec les journées de Juin, l'Assemblée nationale fit revivre les anciennes lois de la monarchie,
rétablissant le timbre, le cautionnement et l'obli-

gation, pour les rédacteurs de journaux, de signer individuellement leurs articles.

La législation du 2 décembre 1851 rétablit la censure sous la forme de l'autorisation préalable et augmenta encore les droits de timbre et le montant des cautionnements ; enfin la compétence du jury fut supprimée et les délits de presse furent déférés aux tribunaux correctionnels.

Il est certain qu'à cette époque « le journalisme français, comme l'a dit Lucien Rigade, a subi une épreuve douloureuse ; » et c'est vainement que l'Empereur faisait publier le 19 janvier 1867, dans le *Moniteur*, une lettre dans laquelle il disait : « Une loi sera proposée pour attribuer exclusivement aux tribunaux correctionnels l'appréciation des délits de presse et supprimer ainsi le pouvoir discrétionnaire du gouvernement. » La loi votée par le Corps législatif a eu beau supprimer la condition de l'autorisation préalable, elle fut impuissante à sauver l'Empire. C'est, qu'en effet, comme le faisait spirituellement remarquer, en 1868, M. Emile Ollivier « les lois contre la presse sont comme la paille étendue devant les maisons qui n'empêchent pas les voitures de rouler ni les malades de mourir. »

La Révolution du 4 septembre 1870 copia celle de 1848 : timbre et cautionnement furent abolis, mais l'état de siège régnait partout. Sous la Commune, c'eût été profaner le mot de liberté que de le faire entendre ; et quand vint l'Assemblée nationale de 1871, il fallut se contenter d'un compromis entre la législation de 1819 et celle de 1849. Une loi du 6 juillet 1871 rétablit le cautionnement et remplaça les droits de timbre par un impôt sur le papier.

L'Assemblée nationale et le gouvernement de M. Thiers ne tardèrent pas cependant à comprendre que l'heure était proche où « la presse allait savoir bientôt reconquérir un à un tous ses droits : » Le gouvernement prit l'initiative et le ministre do l'intérieur institua, le 17 juin 1874, une commission chargée d'élaborer une nouvelle loi sur la presse, et les neuf articles de la loi du 25 décembre 1875 furent votés.

En 1876, une nouvelle commission législative a été nommée pour réviser et codifier la législation sur la presse ; mais la dissolution de la Chambre empêcha cette commission d'accomplir son œuvre ; et ce n'est qu'en avril 1879 que fut formée, sous la présidence d'Émile de Girardin, une nouvelle commission, dont les travaux ont abouti à la loi du 29 juillet 1881.

Le grand mérite de la loi nouvelle est d'avoir abrogé toute la législation antérieure, d'avoir mis de l'ordre là où n'existait que le cahos et d'avoir fait disparaître ce pêle-mêle de lois que nous devions à tous les gouvernements qui se sont succédés, en France, depuis bientôt un siècle.

La loi du 29 juillet 1881 supprime le cautionnement, maintient l'abolition du timbre, fait disparaitre ces fameux délits d'opinion si fatals à la liberté de discussion et si favorables pour la dispensation de l'arbitraire ; avec la loi nouvelle, on n'assistera plus à ces poursuites misérables pour excitation à la haine et au mépris du gouvernement, pour apologie de faits qualifiés crimes ou délits, pour attaque à la propriété, à la famille et à la morale ; c'est en cela que M. Lisbonne, rapporteur de la loi à la Chambre des députés [1] et M. Pelletan, rapporteur de la loi au Sénat [2], ont pu dire que la loi du 29 juillet 1881 malgré ces lacunes et ces imperfections, était une loi d'affranchissement et de liberté.

Ce serait une erreur de croire que cette loi a établi d'une façon absolue la liberté de la presse. Il reste encore beaucoup à faire dans cette voie, mais on ne peut nier que la législation nouvelle est essentiellement libérale.

Voici comment un jurisconsulte éminent en ca-

---

[1] Voir le rapport de M. Lisbonne au *Journal Officiel* du 18 juillet 1880, p. 8289.

[2] Voir le rapport de M. Pelletan au *Journal Officiel* du 5 juillet 1881, Documents parlementaires du Sénat, p. 461.

ractérisait les tendances, après le premier vote de la Chambre : «Le double principe dont s'inspire ce projet de loi destiné à remplacer toutes les lois sur la presse, consiste : 1° à ne permettre aucune restriction antérieure aux publications, ce qui est le signe essentiel et constitutif de la liberté de la presse ; 2° à rattacher la répression des crimes, délits et contraventions commis par la voie de la presse, à ceux de ces actes considérés par la loi comme des délits de droit commun[1]. »

---

[1] Ducrocq, Cours de Droit administratif. 6e édition, n° 786.

TEXTE

DE LA

LOI DU 29 JUILLET 1881

ET DES

CIRCULAIRES MINISTÉRIELLES QUI L'ONT SUIVIE

Note sur les travaux préparatoires de la loi du 29 juillet 1881.

La loi du 29 juillet 1881 a été discutée à la Chambre des députés, en première délibération, dans les séances des 24, 25, 27, 29 et 31 janvier, 1er et 5 février 1881 [1] ; et en seconde délibération, dans les séances des 14, 15 et 17 février 1881 [2].

Le projet de loi, adopté par la Chambre des députés, a été soumis le 24 février 1881 au Sénat qui, sur le rapport de M. Pelletan, n'apportant que des modifications de détail au projet, put discuter la loi dans les séances des 9, 11, 15 et 16 juillet 1881 [3]. Adoptée par le Sénat, le 16 juillet, avec modifications, la loi fut de nouveau soumise à la Chambre des députés, qui, sur le rapport verbal de M. Lisbonne, accepta le 21 juillet les modifications du Sénat. Promulguée le 29 juillet 1881 la nouvelle loi sur la presse a été insérée au *Journal officiel* du 30 juillet suivant.

---

[1] Voir *Journal Officiel*, Débats de la Chambre, 1881, p. 31 et suiv.

[2] Voir *Journal Officiel*, Débats de la Chambre, 1881, p. 235 et suiv.

[3] Voir *Journal Officiel*, Débats du Sénat, 1881, p. 1089 et suiv.

CHAPITRE PREMIER

De l'imprimerie et de la librairie.

ARTICLE PREMIER

L'imprimerie et la librairie sont libres.

ART. 2.

Tout imprimé rendu public, à l'exception des ouvrages dits de ville ou bilboquets, portera l'indication du nom et du domicile de l'imprimeur, à peine, contre celui-ci, d'une amende de 5 à 15 francs.

La peine de l'emprisonnement pourra être prononcée si, dans les douze mois précédents, l'imprimeur a été condamné pour contravention de même nature.

ART. 3.

Au moment de la publication de tout imprimé, il en sera fait, par l'imprimeur, sous peine d'une amende de 16 francs à 300 francs, un dépôt de deux exemplaires, destinés aux collections nationales.

Ce dépôt sera fait, au ministère de l'intérieur, pour Paris ; à la préfecture, pour les chefs-lieux d'arrondissement ; et, pour les autres villes, à la mairie.

L'acte de dépôt mentionnera le titre de l'imprimé et le chiffre du tirage.

Sont exceptés de cette disposition les bulletins de vote, les circulaires commerciales ou industrielles, et les ouvrages dits de ville ou bilboquets.

ART. 4.

Les dispositions qui précèdent sont applicables à tous les genres d'imprimés ou de reproductions destinés à être publiés.

Toutefois, le dépôt prescrit par l'article précédent sera de trois exemplaires pour les estampes, la musique et en général les reproductions autres que les imprimés.

CHAPITRE II

De la presse périodique.

§ 1ᵉʳ. — Du droit de publication, de la gérance, de la déclaration et du dépôt au parquet.

ART. 5.

Tout journal ou écrit périodique peut être publié, sans autorisation préalable et sans dépôt de cautionnement, après la déclaration prescrite par l'article 7.

ART. 6.

Tout journal ou écrit périodique aura un gérant.

Le gérant devra être Français, majeur, avoir la jouissance de ses droits civils et n'être privé de ses droits civiques par aucune condamnation judicaire.

ART. 7.

Avant la publication de tout journal ou écrit périodique, il sera fait, au parquet du procureur de la République, une déclaration contenant :

1° Le titre du journal ou écrit périodique et son mode de publication ;

2° Le nom et la demeure du gérant ;

3° L'indication de l'imprimerie où il doit être imprimé.

Toute mutation dans les conditions ci-dessus énumérées sera déclarée dans les cinq jours qui suivront.

ART. 8.

Les déclarations seront faites par écrit, sur papier timbré, et signées des gérants. Il en sera donné récépissé.

ART. 9.

En cas de contravention aux dispositions prescrites par les articles 6, 7, 8, le propriétaire, le gérant, ou, à défaut, l'imprimeur, seront punis d'une amende de 50 francs à 500 francs.

Le journal ou écrit périodique ne pourra continuer sa publication qu'après avoir rempli les formalités ci-dessus prescrites, à peine, si la publication irrégulière continue, d'une amende de 100 francs, prononcée solidairement contre les mêmes personnes, pour chaque numéro publié à partir du jour de la prononciation du jugement de condamnation, si ce jugement est contradictoire, et du troisième jour qui suivra sa notification, s'il a été rendu par défaut, et ce, nonobstant opposition ou appel, si l'exécution provisoire est ordonnée.

Le condamné, même par défaut, peut interjeter appel. Il sera statué par la cour dans le délai de trois jours.

Art. 10.

Au moment de la publication de chaque feuille ou livraison du journal ou écrit périodique, il sera remis au parquet du procureur de la République, ou à la mairie dans les villes où il n'y a pas de tribunal de première instance, deux exemplaires signés du gérant.

Pareil dépôt sera fait, au ministère de l'intérieur, pour Paris et le département de la Seine, et, pour les autres départements, à la préfecture, à la sous-préfecture, ou à la mairie, dans les villes qui ne sont ni chefs-lieux de département, ni chefs-lieux d'arrondissement.

Chacun de ces dépôts sera effectué sous peine de 50 francs d'amende contre le gérant.

Art. 11.

Le nom du gérant sera imprimé au bas de tous les exemplaires, à peine, contre l'imprimeur, de 16 francs à 100 francs d'amende par chaque numéro publié en contravention de la présente disposition.

§ 2. — Des rectifications.

Art. 12.

Le gérant sera tenu d'insérer gratuitement en tête du plus prochain numéro du journal ou écrit périodique, toutes les rectifications qui lui seront adressées par un dépositaire de l'autorité publique, au sujet des actes de sa fonction, qui auront été inexactement rapportés par ledit journal ou écrit périodique.

Toutefois ces rectifications ne dépasseront pas le double de l'article auquel elles répondront.

En cas de contravention, le gérant sera puni d'une amende de 100 francs à 1,000 francs.

Art. 13.

Le gérant sera tenu d'insérer, dans les trois jours de leur réception ou dans le plus prochain numéro, s'il n'en était pas publié avant l'expiration des trois jours, les réponses de toute personne nommée ou désignée dans le journal ou écrit périodique, sous peine d'une amende de 50 *francs à* 500 *francs, sans préjudice des autres peines et dommages-intérêts auxquels l'article pourrait donner lieu.*

Cette insertion devra être faite à la même place et en mêmes caractères que l'article qui l'aura provoquée.

Elle sera gratuite, lorsque les réponses ne dépasseront pas le double de la longueur dudit article. Si elles le dépassent, le prix d'insertion sera dû pour le surplus seulement. Il sera calculé au prix des annonces judiciaires.

§ 3. — Des journaux ou écrits périodiques étrangers.

Art. 14.

La circulation en France des journaux ou écrits périodiques publiés à l'étranger ne pourra être interdite que par une décision spéciale délibérée en conseil des ministres.

La circulation d'un numéro peut être interdite par une décision du ministre de l'intérieur.

La mise en vente ou la distribution faite sciemment au mépris de l'interdiction, sera punie d'une amende de 50 *fr. à* 500 *fr.*

CHAPITRE III

De l'affichage, du colportage et de la vente sur la voie publique.

§ 1er. — De l'affichage.

ART. 15.

Dans chaque commune, le maire désignera, par arrêté, les lieux exclusivement destinés à recevoir les affiches des lois et autres actes de l'autorité publique.

Il est interdit d'y placarder des affiches particulières.

Les affiches des actes émanés de l'autorité seront seules imprimées sur papier blanc.

Toute contravention aux dispositions du présent article sera punie des peines portées en l'article 2.

ART. 16

Les professions de foi, circulaires et affiches électorales pourront être placardées, à l'exception des emplacements réservés par l'article précédent, sur tous les édifices publics autres que les édifices consacrés aux cultes et particulièrement aux abords des salles de scrutin.

ART. 17.

Ceux qui auront enlevé, déchiré, recouvert ou altéré par un procédé quelconque, de manière à les travestir ou à les rendre illisibles, des affiches appo-sées par ordre de l'administration, sur les emplace-ments à ce réservés, seront punis d'une amende de 5 francs à 15 francs.

Si le fait a été commis par un fonctionnaire ou un agent de l'autorité publique, la peine sera d'une amende de 16 francs à 100 francs, et d'un empri-sonnement de six jours à un mois, ou de l'une de ces deux peines seulement.

Seront punis d'une amende de 5 francs à 15 francs ceux qui auront enlevé, déchiré, recouvert ou altéré par un procédé quelconque, de manière à les tra-vestir ou à les rendre illisibles, des affiches électora-les émanant de simples particuliers, apposées ailleurs que sur les propriétés de ceux qui auront commis cette lacération ou altération.

La peine sera d'une amende de 16 francs à 100 francs et d'un emprisonnement de six jours à un mois ou de l'une de ces deux peines seulement, si le fait a été commis par un fonctionnaire ou agent de l'autorité publique, à moins que les affiches n'aient été apposées dans les emplacements réservés par l'article 15.

§ 2. — Du colportage et de la vente sur la voie publique.

ART. 18.

Quiconque voudra exercer la profession de col-porteur ou de distributeur sur la voie publique ou en tout autre lieu public ou privé, de livres, écrits, brochures, journaux, dessins, gravures, lithogra-

phies et photographies, sera tenu d'en faire la déclaration à la préfecture du département où il a son
domicile.

Toutefois, en ce qui concerne les journaux et
autres feuilles périodiques, la déclaration pourra
être faite, soit à la mairie de la commune dans laquelle doit se faire la distribution, soit à la sous-préfecture. Dans ce dernier cas, la déclaration produira
son effet pour toutes les communes de l'arrondissement.

Art. 19.

La déclaration contiendra les nom, prénoms, profession, domicile, âge et lieu de naissance du déclarant.

Il sera délivré immédiatement et sans frais au
déclarant un récépissé de sa déclaration.

Art. 20.

La distribution et le colportage accidentels ne
sont assujettis à aucune déclaration.

Art. 21.

L'exercice de la profession de colporteur ou de
distributeur sans déclaration préalable, la fausseté
de la déclaration, le défaut de présentation à toute
réquisition du récépissé constituent des contraventions.

Les contrevenants seront punis d'une amende de
5 francs à 15 francs et pourront l'être en outre
d'un emprisonnement d'un à cinq jours.

En cas de récidive ou de déclaration mensongère, l'emprisonnement sera nécessairement prononcé.

ART. 22.

Les colpolteurs et distributeurs pourront être poursuivis conformément au droit commun, s'ils ont sciemment colporté ou distribué des livres, écrits, brochures, journaux, dessins, gravures, lithographies, et photographies, présentant un caractère délictueux, sans préjudice des cas prévus à l'article 42.

CHAPITRE IV

Des crimes et délits commis par la voie de la presse ou par tout autre moyen de publication.

§ 1ᵉʳ. — Provocation aux crimes et délits.

ART. 23.

Seront punis comme complices d'une action qualifiée crime ou délit ceux qui, soit par des discours, cris ou menaces proférés dans les lieux ou réunions publics, soit par des écrits, des imprimés vendus ou distribués, mis en vente ou exposés dans des lieux ou réunions publics, soit par des placards ou affiches exposés aux regards du public, auront directement provoqué l'auteur ou les auteurs à commettre ladite action, si la provocation a été suivie d'effet.

Cette disposition sera également applicable lorsque la provocation n'aura été suivie que d'une tentative de crime prévu par l'art. 2 du code pénal.

ART. 24.

Ceux qui, par les moyens énoncés en l'article précédent, auront directement provoqué à commettre les crimes de meurtre, de pillage et d'incendie, ou l'un des crimes contre la sûreté de l'Etat prévus par les articles 75 et suivants jusques et y compris l'article 101 du code pénal, seront punis, dans le cas où cette provocation n'aurait pas été suivie d'effet, de trois mois à deux ans d'emprisonnement et de 100 francs à 300 francs d'amende.

Tous cris ou chants séditieux proférés dans les lieux ou réunions publics seront punis d'un emprisonnement de six jours à un mois et d'une amende de 16 francs à 500 francs ou de l'une de ces deux peines seulement.

ART. 25.

Toute provocation par l'un des moyens énoncés, en l'article 23, adressée à des militaires des armées de terre ou de mer, dans le but de les détourner de leurs devoirs militaires et de l'obéissance qu'ils doivent à leurs chefs dans tout ce qu'ils leur commandent pour l'exécution des lois et règlements militaires, sera punie d'un emprisonnement d'un à six mois et d'une amende de 16 francs à 100 francs.

§ 2. — Délits contre la chose publique.

ART. 26.

L'offense au président de la République par l'un des moyens énoncés dans l'article 23 et dans l'arti-

cle 28, est puni d'un emprisonnement de trois mois à un an et d'une amende de 100 francs à 3.000 francs, ou de l'une de ces deux peines seulement.

ART. 27.

La publication ou reproduction de nouvelles fausses, de pièces fabriquées, falsifiées ou mensongèrement attribuées à des tiers, sera punie d'un emprisonnement d'un mois à un an et d'une amende de 50 francs à 1.000 francs, ou de l'une de ces deux peines seulement, lorsque la publication ou reproduction aura troublé la paix publique et qu'elle aura été faite de mauvaise foi.

ART. 28.

L'outrage aux bonnes mœurs commis par l'un des moyens énoncés en l'article 23 sera puni d'un emprisonnement de un mois à deux ans et d'une amende de 16 francs à 2,000 francs.

Les mêmes peines seront applicables à la mise en vente, à la distribution ou à l'exposition de dessins, gravures, peintures, emblèmes ou images obscènes. Les exemplaires de ces dessins, gravures, peintures, emblèmes ou images obscènes exposés au regard du public, mis en vente, colportés ou distribués, seront saisis.

§ 3 — Délits contre les personnes.

ART. 29.

Toute allégation ou imputation d'un fait qui porte atteinte à l'honneur ou à la considération de la

*personne ou du corps auquel le fait est imputé, est
une diffamation.*

*Toute expression outrageante, terme de mépris ou
invective qui ne renferme l'imputation d'aucun fait
est une injure.*

ART. 30.

*La diffamation commise par l'un des moyens énon-
cés en l'article 23 et en l'article 28, envers les cours,
les tribunaux, les armées de terre ou de mer, les
corps constitués et les administrations publiques, sera
punie d'un emprisonnement de huit jours à un an et
d'une amende de 100 francs à 3,000 francs, ou de
l'une de ces deux peines seulement.*

ART. 31.

*Sera punie de la même peine la diffamation com-
mise par les mêmes moyens, à raison de leurs fonctions ou de leur qualité, envers un ou plusieurs membres du ministère, un ou plusieurs membres de l'une
ou de l'autre Chambre, un fonctionnaire public, un
dépositaire ou agent de l'autorité publique, un ministre de l'un des cultes salariés par l'État, un citoyen chargé d'un service ou d'un mandat public,
temporaire ou permanent, un juré ou un témoin à
raison de sa déposition.*

ART. 32.

*La diffamation, commise envers les particuliers
par l'un des moyens énoncés en l'article 23 et en l'ar-*

ticle 28, sera punie d'un emprisonnement de cinq jours à six mois et d'une amende de 25 francs à 2,000 francs ou de l'une de ces deux peines seulement.

Art. 33.

L'injure commise par les mêmes moyens envers les corps ou les personnes désignés par les articles 30 et 31 de la présente loi, sera punie d'un emprisonnement de six jours à trois mois et d'une amende de 18 francs à 500 francs ou de l'une de ces deux peines seulement.

L'injure commise de la même manière envers les particuliers, lorsqu'elle n'aura pas été précédée de provocation, sera punie d'un emprisonnement de cinq jours à deux mois et d'une amende de 16 francs à 300 francs, ou de l'une de ces deux peines seulement.

Si l'injure n'est pas publique, elle ne sera punie que de la peine prévue par l'article 471 du code pénal.

Art. 34.

Les articles 29, 30 et 31 ne seront applicables aux diffamations ou injures dirigées contre la mémoire des morts, que dans le cas où les auteurs de ces diffamations ou injures auraient eu l'intention de porter atteinte à l'honneur ou à la considération des héritiers vivants.

Ceux-ci pourront toujours user du droit de réponse prévu par l'article 13.

Art. 35.

La vérité du fait diffamatoire, mais seulement quand il est relatif aux fonctions, pourra être établie par les voies ordinaires, dans le cas d'imputations contre les corps constitués, les armées de terre et de mer, les administrations publiques et contre toutes les personnes enumérées dans l'article 31.

La vérité des imputations diffamatoires et injurieuses pourra être également établie contre les directeurs ou administrateurs de toute entreprise industrielle, commerciale ou financière, faisant appel à l'épargne ou au crédit.

Dans les cas prévus aux deux paragraphes précédent la preuve contraire est réservée. Si la preuve du fait diffamatoire est rapportée, le prévenu sera renvoyé des fins de la plainte.

Dans toute autre circonstance et envers toute autre personne non qualifiée, lorsque le fait imputé est l'objet de poursuites commencées à la requête du ministère public, ou d'une plainte de la part du prévenu, il sera, durant l'instruction qui devra avoir lieu, sursis à la poursuite et au jugement du délit de diffamation.

§ 4. — Délits contre les chefs d'État et agents diplomatiques étrangers.

Art. 36.

L'offense commise publiquement envers les chefs d'État étrangers sera punie d'un emprisonnement de trois mois à un an et d'une amende de 100 francs à

3,000 *francs, ou de l'une de ces deux peines seulement.*

ART. 37.

L'outrage commis publiquement, envers les ambassadeurs et ministres plénipotentiaires, envoyés, chargés d'affaires ou autres agents diplomatiques accrédités près du gouvernement de la République, sera puni d'un emprisonnement de huit jours à un an et d'une amende de 50 francs à 2.000 francs, ou de l'une de ces deux peines seulement.

§ 5. — Publications interdites, immunités de la défense.

ART. 38.

Il est interdit de publier les actes d'accusation et tous autres actes de procédure criminelle ou correctionnelle avant qu'ils aient été lus en audience publique, et ce, sous peine d'une amende de 50 francs à 1.000 francs.

ART. 39.

Il est interdit de rendre compte des procès en diffamation où la preuve des faits diffamatoires n'est pas autorisée. La plainte seule pourra être publiée par le plaignant. Dans toute affaire civile, les cours et tribunaux pourront interdire le compte rendu du procès.

Ces interdictions ne s'appliqueront pas aux jugements, qui pourront toujours être publiés.

Il est également interdit de rendre compte des délibérations intérieures, soit des jurys, soit des cours et tribunaux.

Toute infraction à ces dispositions sera punie d'une amende de 100 francs à 2.000 francs.

ART. 40.

Il est interdit d'ouvrir ou d'annoncer publiquement des souscriptions ayant pour objet d'indemniser des amendes, frais et dommages-intérêts prononcés par des condamnations judiciaires, en matière criminelle et correctionnelle, sous peine d'un emprisonnement de huit jours à six mois et d'une amende de 100 francs à 1.000 francs, ou de l'une de ces deux peines seulement.

ART. 41.

Ne donneront ouverture à aucune action, les discours tenus dans le sein de l'une des deux Chambres, ainsi que les rapports ou toutes autres pièces imprimées par ordre de l'une des deux Chambres.

Ne donnera lieu à aucune action, le compte rendu des séances publiques des deux Chambres, fait de bonne foi dans les journaux.

Ne donneront lieu à aucune action en diffamation, injure ou outrage ni le compte rendu fidèle fait de bonne foi des débats judiciaires, ni les discours prononcés ou les écrits produits devant les tribunaux.

Pourront néanmoins les juges, saisis de la cause et statuant sur le fond, prononcer la suppression des discours injurieux, outrageants ou diffamatoires, et

condamner qui il appartiendra à des dommages-inté-
rêts. Les juges pourront aussi, dans le même cas, faire
des injonctions aux avocats et officiers ministériels
et même les suspendre de leurs fonctions. La durée
de cette suspension ne pourra excéder deux mois, et
six mois en cas de récidive, dans l'année.

Pourront toutefois les faits diffamatoires étran-
gers à la cause donner ouverture, soit à l'action publi-
que, soit à l'action civile des parties, lorsque ces ac-
tions leur auront été réservées par les tribunaux et,
dans tous les cas, à l'action civile des tiers.

CHAPITRE V

Des poursuites et de la répression.

§ 1er. — Des personnes responsables des crimes et
délits commis par la voie de la presse.

Art. 42.

Seront passibles, comme auteurs principaux, des
peines qui constituent la répression des crimes et dé-
lits commis par la voie de la presse, dans l'ordre ci-
après, savoir : 1° les gérants ou éditeurs, quelles que
soient leurs professions ou leurs dénominations ; 2° à
leur défaut les auteurs ; 3° à défaut des auteurs les
imprimeurs ; 4° à défaut des imprimeurs les ven-
deurs, distributeurs ou afficheurs.

Art. 43.

Lorsque les gérants ou les éditeurs seront en cause, les auteurs seront poursuivis comme complices.

Pourront l'être, au même titre et dans tous les cas, toutes personnes auxquelles l'article 60 du code pénal pourrait s'appliquer. Ledit article ne pourra s'appliquer aux imprimeurs pour faits d'impression, sauf dans le cas et les conditions prévus par l'article 6 de la loi du 7 juin 1848, sur les attroupements.

Art. 44.

Les propriétaires des journaux ou écrits périodiques sont responsables des condamnations pécuniaires prononcées au profit des tiers contre les personnes désignées dans les deux articles précédents, conformément aux dispositions des art. 1382, 1383, 1384 du code civil.

Art. 45.

Les crimes et délits prévus par la présente loi sont déférés à la cour d'assises.

Sont exceptés et déférés aux tribunaux de police correctionnelle, les délits et infractions prévus par les articles 3, 4, 9, 10, 11, 12, 13, 14, 17, § 2 et 4, 32 28 § 2, 32, 33 § 2, 38, 39 et 40 de la présente loi.

Sont encore exceptées et renvoyées devant les tribunaux de simple police les contraventions prévues par les articles 2, 15, 17, § 1 et 3, 21 et 33, § 3 de la présente loi.

Art. 46.

L'action civile résultant des délits de diffamation prévus et punis par les articles 30 et 31, ne pourra, sauf dans le cas de décès de l'auteur du fait incriminé ou d'amnistie, être poursuivie séparément de l'action publique.

§ 2. — De la procédure.

A. — Cour d'assises.

Art. 47.

La poursuite des crimes et délits commis par la voie de la presse ou par tout autre moyen de publication aura lieu d'office et à la requête du ministère public, sous les modifications suivantes :

1° Dans le cas d'injure ou de diffamation envers les cours, tribunaux et autres corps indiqués en l'article 30, la poursuite n'aura lieu que sur une délibération prise par eux en assemblée générale, et requérant les poursuites, ou si le corps n'a pas d'assemblée générale, sur la plainte du chef du corps ou du ministre duquel ce corps relève ;

2° Dans le cas d'injure ou de diffamation envers un ou plusieurs membres de l'une ou de l'autre Chambre, la poursuite n'aura lieu que sur la plainte de la personne ou des personnes intéressées ;

3° Dans le cas d'injure ou de diffamation envers les fonctionnaires publics, les dépositaires ou agents de l'autorité publique autres que les ministres, envers les ministres des cultes salariés par l'État et les citoyens chargés d'un service ou d'un mandat public, la poursuite aura lieu, soit sur leur plainte, soit d'office, sur la plainte du ministre dont ils relèvent;

4° Dans le cas de diffamation envers un juré ou un témoin, délit prévu par l'article 31, la poursuite n'aura lieu que sur la plainte du juré ou du témoin qui se prétendra diffamé;

5° Dans le cas d'offense envers les chefs d'État ou d'outrages envers les agents diplomatiques étrangers, la poursuite aura lieu soit à leur requête, soit d'office, sur leur demande adressée au ministre des affaires étrangères et par celui-ci au ministre de la justice;

6° Dans les cas prévus par les paragraphes 3 et 4 du présent article, le droit de citation directe devant la cour d'assises appartiendra à la partie lésée.

Sur sa requête, le président de la cour d'assises fixera les jour et heure auxquels l'affaire sera appelée.

ART. 48.

Si le ministère public requiert une information, il sera tenu, dans son réquisitoire, d'articuler et de qualifier les provocations, outrages, diffamations et injures à raison desquels la poursuite est intentée, avec indication des textes dont l'application est demandée, à peine de nullité du réquisitoire et de ladite poursuite.

ART. 49.

Immédiatement après le réquisitoire, le juge d'instruction pourra, mais seulement en cas d'omission du dépôt prescrit par les articles 3 et 10 ci-dessus, ordonner la saisie de quatre exemplaires de l'écrit, du journal ou du dessin incriminé. Cette disposition ne déroge en rien à ce qui est prescrit par l'article 37 de la présente loi.

Si le prévenu est domicilié en France, il ne pourra être arrêté préventivement, sauf en cas de crime.

En cas de condamnation, l'arrêt pourra ordonner la saisie et la suppression ou la destruction de tous les exemplaires qui seraient mis en vente, distribués ou exposés aux regards du public.

Toutefois la suppression ou la destruction pourra ne s'appliquer qu'à certaines parties des exemplaires saisis.

Art. 50.

La citation contiendra l'indication précise des écrits, des imprimés, placards, dessins, gravures, peintures, médailles, emblèmes, des discours ou propos publiquement proférés qui seront l'objet de la poursuite, ainsi que de la qualification des faits. Elle indiquera les textes de la loi invoquée à l'appui de la demande.

Si la citation est à la requête du plaignant, elle portera, en outre, copie de l'ordonnance du président; elle contiendra élection de domicile dans la ville où siège la cour d'assises et sera notifiée tant au prévenu qu'au ministère public.

Toutes ces formalités seront observées à peine de nullité de la poursuite.

Art. 51.

Le délai entre la citation et la comparution en cour d'assises sera de cinq jours francs, outre un jour par cinq myriamètres de distance.

Art. 52.

En matière de diffamation, ce délai sera de douze jours, outre un jour par cinq myriamètres.

Quand le prévenu voudra être admis à prouver la vérité des faits diffamatoires, conformément aux dispositions de l'article 35 de la présente loi, il devra, dans les cinq jours qui suivront la notification de la citation, faire signifier au ministère public près la cour d'assises ou au plaignant, au domicile par lui élu, suivant qu'il est assigné à la requête de l'un ou de l'autre :

1° Les faits articulés et qualifiés dans la citation desquels il entend prouver la vérité ;

2° La copie des pièces ;

3° Les noms, professions et demeures des témoins par lesquels il entend faire sa preuve. Cette signification contiendra élection de domicile près de la cour d'assises, le tout à peine d'être déchu du droit de faire la preuve.

Art. 53.

Dans les cinq jours suivants, le plaignant ou le ministère public, suivant les cas, sera tenu de faire signifier au prévenu, au domicile par lui élu, la copie des pièces et les noms, professions et demeures des témoins par lesquels il entend faire la preuve contraire, sous peine d'être déchu de son droit.

ART. 54.

Toute demande en renvoi, pour quelque cause que ce soit, tous incidents sur la procédure suivie devront être présentés avant l'appel des jurés, à peine de forclusion.

ART. 55.

Si le prévenu a été présent à l'appel des jurés, il ne pourra plus faire défaut, quand bien même il se fût retiré pendant le tirage au sort.

En conséquence, tout arrêt qui interviendra, soit sur la forme, soit sur le fond, sera définitif, quand bien même le prévenu se retirerait de l'audience ou refuserait de se défendre. Dans ce cas, il sera procédé avec le concours du jury et comme si le prévenu était présent.

ART. 56.

Si le prévenu ne comparaît pas au jour fixé par la citation, il sera jugé par défaut par la cour d'assises, sans assistance ni intervention des jurés.

La condamnation par défaut sera comme non avenue si, dans les cinq jours de la signification qui en aura été faite au prévenu ou à son domicile, outre un jour par cinq myriamètres, celui-ci forme opposition à l'exécution de l'arrêt et notifie son opposition tant au ministère public qu'au plaignant. Toutefois, si la signification n'a pas été faite à personne, ou s'il ne résulte pas d'acte d'exécution de l'arrêt que le prévenu en a eu connaissance, l'opposition sera recevable jusqu'à l'expiration des délais de la prescription de la peine. L'opposition vaudra citation à la première audience utile. Les frais de l'expédition, de la signification de l'arrêt, de l'opposition et de la réassignation pourront être laissés à la charge du prévenu.

ART. 57.

Faute par le prévenu de former son opposition dans le délai fixé en l'article 56 et de la signifier aux personnes indiquées dans cet article, ou de comparaître par lui-même au jour fixé en l'article précédent, l'opposition sera réputée non avenue et l'arrêt par défaut sera définitif.

ART. 58.

En cas d'acquittement par le jury, s'il y a partie civile en cause, la cour ne pourra statuer que sur les dommages-intérêts réclamés par le prévenu. Ce dernier devra être renvoyé de la plainte sans dépens ni dommages-intérêts au profit du plaignant.

ART. 59.

Si, au moment où le ministère public ou le plaignant exerce son action, la session de la cour d'assises est terminée et s'il ne doit pas s'en ouvrir d'autre à une époque rapprochée, il pourra être formée une cour d'assises extraordinaire, par ordonnance moti-

vée du premier président. Cette ordonnance prescrira le tirage au sort des jurés conformément à la loi.

L'article 81 du décret du 6 juillet 1810 sera applicable aux cours d'assises extraordinaires formées en exécution du paragraphe précédent.

B. — Police correctionnelle et simple police.

ART. 60.

La poursuite devant les tribunaux correctionnels et de simple police aura lieu conformément aux dispositions du chapitre 2 du titre 1ᵉʳ du livre II du code d'instruction criminelle, sauf les modifications suivantes :

1° Dans le cas de diffamation envers les particuliers, prévu par l'article 32, et dans le cas d'injure prévu par l'article 33, § 2, la poursuite n'aura lieu que sur la plainte de la personne diffamée ou injuriée ;

2° En cas de diffamation ou d'injure pendant la période électorale contre un candidat à une fonction élective, le délai de la citation sera réduit à vingt-quatre heures, outre le délai de distance ;

3° La citation précisera et qualifiera le fait incriminé ; elle indiquera le texte de loi applicable à la poursuite, le tout à peine de nullité de ladite poursuite.

Sont applicables au cas de poursuite et de condamnation les dispositions de l'article 48 de la présente loi.

Le désistement du plaignant arrêtera la poursuite commencée.

C. — Pourvois en Cassation.

ART. 61.

Le droit de se pourvoir en cassation appartiendra au prévenu et à la partie civile, quant aux dispositions relatives à ses intérêts civils. L'un et l'autre seront dispensés de consigner l'amende et le prévenu, de se mettre en état.

ART. 62.

Le pourvoi devra être formé dans les trois jours, au greffe de la cour ou du tribunal qui aura rendu la décision. Dans les vingt-quatre heures qui suivront, les pièces seront envoyées à la cour de cassation, qui jugera d'urgence dans les dix jours à partir de leur réception.

§ 3. — Récidives, circonstances atténuantes, proscription.

ART. 63.

L'aggravation des peines résultant de la récidive ne sera pas applicable aux infractions prévues par la présente loi.

En cas de conviction de plusieurs crimes ou délits prévus par la présente loi, les peines ne se cumuleront pas, et la plus forte sera seule prononcée

ART. 64.

L'article 463 du code pénal est applicable dans tous les cas prévus par la présente loi. Lorsqu'il y aura lieu de faire cette application, la peine prononcée ne pourra excéder la moitié de la peine édictée par la loi.

ART. 65.

L'action publique et l'action civile résultant des crimes, délits et contraventions prévus par la présente loi se prescriront après trois mois révolus, à compter du jour où ils auront été commis, ou du jour du dernier acte de poursuite, s'il en a été fait.

Les prescriptions commencées à l'époque de la publication de la présente loi, et pour lesquelles il faudrait encore, suivant les lois existantes, plus de trois mois à compter de la même époque, seront, par ce laps de trois mois, définitivement accomplies.

Dispositions transitoires.

ART. 66.

Les gérants et propriétaires de journaux existants au jour de la promulgation de la présente loi seront tenus de se conformer, dans un délai de quinzaine, aux prescriptions édictées par les articles 7 et 8, sous peine de tomber sous l'application de l'article 9.

ART. 67.

Le montant des cautionnements versés par les journaux ou écrits périodiques, actuellement soumis à cette obligation, sera remboursé à chacun d'eux, par le Trésor public, dans un délai de trois mois, à partir du jour de la promulgation de la présente loi, sans préjudice des retenues qui pourront être effectuées au profit de l'État et des particuliers, pour les condamnations à l'amende et les réparations civiles auxquelles il n'aura pas été autrement satisfait à l'époque du remboursement.

Art. 68.

Sont abrogés les édits, lois, décrets, ordonnances, arrêtés, réglements, déclarations généralement quelconques, relatifs à l'imprimerie, à la librairie, à la presse périodique ou non périodique, au colportage, à l'affichage, à la vente sur la voie publique et aux crimes et délits prévus par les lois sur la presse et les autres moyens de publication, sans que puissent revivre les dispositions abrogées par les lois antérieures.

Est également abrogé le second paragraphe de l'article 31 de la loi du 10 août 1871 sur les conseils généraux, relatif à l'appréciation de leurs discussions par les journaux.

Art. 69.

La présente loi est applicable à l'Algérie et aux colonies.

Art. 70.

Amnistie est accordée pour tous les crimes et délits commis antérieurement au 16 février 1881, par la voie de la presse ou autres moyens de publication, sauf l'outrage aux bonnes mœurs puni par l'article

28 de la présente loi, et sans préjudice du droit des tiers [1].

Les amendes non perçues ne seront pas exigées; les amendes déjà perçues ne seront pas restituées, à l'exception de celles qui ont été payées depuis le 16 février 1881.

II. — Circulaire du ministre de l'intérieur en date du 1er août 1881.

Monsieur le Préfet,

J'ai l'honneur d'appeler votre attention sur les modifications apportées à la législation de la presse par la loi du 29 juillet 1881, et de vous donner des instructions en conséquence, pour ce qui concerne la presse périodique, le colportage et la vente sur la voie publique.

Le cautionnement est supprimé d'une façon absolue pour tous les journaux (art. 5). Les cautionnements, existant actuellement au Trésor, seront remboursés dans le délai de trois mois, à partir du jour de la nouvelle loi (art. 67).

Les journaux ne sont plus soumis qu'à la formalité de la déclaration (art. 4 et 7). Le délai de quinze jours exigé par la législation précédente entre la déclaration préalable et la publication est supprimée ; il suffit désormais que cette déclaration ait lieu avant la publica-

---

[1] Une loi du 29 juillet 1881, promulguée en même temps que la loi sur la liberté de la presse, est ainsi conçue : « *Article unique.* — L'amnistie prévue par la loi sur la liberté de la presse sera appliquée à tous les crimes et délits commis antérieurement au 21 juillet 1881. »

tion. Toute mutation doit être déclarée maintenant dans les cinq jours et non plus dans les quinze jours qui la suivent.

Mais ce n'est plus à vous qu'il appartient de recevoir ces déclarations ; elles doivent être remises, dorénavant au parquet du procureur de la République.

Vous ne pourrez donc plus m'envoyer copie de ces documents comme par le passé ; pour y suppléer, je vous prie de me signaler avec la plus grande exactitude et la plus grande célérité, la création des nouveaux journaux qui se publieront dans votre département, ainsi que les modifications qui seront apportées aux journaux déjà existants. Ces faits vous seront suffisamment connus par le dépôt des journaux qui devra se faire régulièrement à votre préfecture conformément à l'article 10.

La loi nouvelle règle d'une manière précise tout ce qui concerne le dépôt. Outre les deux exemplaires exigés de l'imprimeur, en vertu de l'article 3, pour les collections nationales, l'article 10 prescrit un autre dépôt de deux exemplaires qui doit se faire, suivant le lieu de publication, à la préfecture, à la sous-préfecture ou à la mairie. Ces deux exemplaires sont destinés exclusivement au service de l'administration intérieur ; l'un vous permettra de vous renseigner sur l'opinion publique de votre département, l'autre devra m'être adressé immédiatement par le premier courrier qui suivra sa publication. Trop souvent, jusqu'ici, j'ai eu à me plaindre de retards et d'inexactitudes dans cet envoi. Il importe qu'à l'avenir ces irrégularités disparaissent. Plus la presse sera libre, plus il est indispensable que le gouvernement soit promptement avisé de ses manifestations. La sanction contenue dans l'article 10 permet d'espérer que le dépôt prescrit par ce même article sera opéré régulièrement ; s'il en était autrement, je vous prierais de me le faire savoir.

Les articles 18 à 22 modifient profondément la législation antérieure sur le colportage. Toute personne voulant exercer la profession de colporteur ou de distributeur, n'est plus tenue qu'à en faire la déclaration. Cette déclaration doit contenir les nom, prénoms, profession, domicile, âge et lieu de naissance du déclarant. Mais celui-ci n'a plus à justifier qu'il est français et qu'il n'a pas encouru une condamnation pouvant entraîner privation de ses droits civils et politiques ; il n'a donc aucune pièce justificative à produire à l'appui de sa déclaration, et dès lors, il ne peut plus y avoir aucun motif, aucun prétexte, de lui refuser la délivrance immédiate du récépissé de sa déclaration. Le catalogue est également supprimé. Les seules contraventions maintenues sont donc l'absence de déclaration préalable, la fausseté de la déclaration, le défaut de présentation du récépissé à toute réquisition.

Recevez, etc.

Le ministre de l'intérieur et des cultes,

CONSTANS.

III. — Circulaire du ministre de la justice en date du 9 novembre 1881.

Monsieur le procureur général,

La législation sur la presse a formé jusqu'ici un assemblage confus de lois de toutes les époques, d'origine et d'inspiration les plus diverses.

Les lois fondamentales de 1819 avaient défini méthodiquement les délits et réglé la procédure, mais elles avaient laissé en dehors de leurs prévisions toute la matière des instruments de publication : l'imprimerie et la librairie, le colportage, l'affichage, la vente sur la voie publique ; elles avaient été, d'ailleurs, bientôt elles-mêmes profondément modifiées. Depuis lors, les lois nouvelles se sont accumulées, elles se sont ajoutées les unes aux autres, subsistant toutes ensemble et ne s'abrogeant que dans leurs dispositions contraires. Nées, la plupart, des circonstances, elles ont presque toutes, sauf de rares retours à la liberté selon les régimes, étendu indéfiniment le domaine de la règlementation et de la répression.

L'opinion publique réclamait depuis longtemps, avec l'abrogation de cette législation surannée, une loi nouvelle et complète sur la matière. Il était réservé à notre dernière législature d'entreprendre et mener à fin cette œuvre considérable. La loi qui est sortie de ces délibérations a été définie d'un mot : c'est une loi de liberté, telle que la presse n'en a jamais eu en aucun temps. Elle a supprimé toutes les mesures préventives ; elle s'est conformée, dans la détermination des infractions en petit nombre qu'elle a retenues, aux règles du droit commun pour les incriminations pénales ; elle a rétabli dans son intégrité la juridiction du jury. Loin d'imposer à la presse un régime pénal exceptionnel, on peut dire qu'elle lui a fait, sous plusieurs rapports, une condition privilégiée. Elle déroge en sa faveur au droit commun en ce qui concerne la juridiction, la responsabilité pénale, la procédure, la saisie, la détention préventive, la récidive, les circonstances atténuantes, le cumul. L'expérience dira si cet ensemble de dispositions ne fait qu'apporter un tempérament utile aux rigueurs de la loi commune, sans préjudicier à l'exercice ferme et régulier de l'action publique.

Cette loi embrasse toute la matière de l'ancienne législation : l'imprimerie et la librairie, la presse périodique, l'affichage, le colportage et la vente sur la voie publique, les crimes et les délits, la compétence et la procédure.

Imprimerie et librairie. — Le décret du 10 septembre 1870 du gouvernement de la Défense nationale avait déjà proclamé le principe de la liberté des professions d'imprimeur et de libraire; il les avait ainsi définitivement affranchies de la tutelle administrative, qui avait jusqu'alors pesé si lourdement sur elles, et, notamment, de la nécessité de l'autorisation préalable qui leur était délivrée sous la forme de brevet. Il avait seulement exigé des personnes qui voulaient exercer ces professions une déclaration au ministre de l'intérieur. La loi nouvelle supprime cette formalité. Les articles 2 et 4 se bornent à assujettir les imprimeurs à l'accomplissement de deux obligations au moment de la publication de chaque imprimé : l'indication de leurs nom et domicile, et le dépôt.

Tout imprimé rendu public doit porter l'indication exacte du nom et du domicile de l'imprimeur (article 2); la fausseté de la déclaration équivaudrait à la simple omission et serait punie comme elle.

Le dépôt est fait en deux ou trois exemplaires, selon qu'il s'agit d'imprimés ou de reproductions autres que les imprimés proprement dits, tels que musique, estampes, dessins, gravures, lithographies, etc. Le motif de cette distinction est dans la destination différente de ces ouvrages, qui doivent être conservés en plus ou moins grand nombre dans les collections nationales. Le ministère de l'instruction publique reçoit un exemplaire de chacun d'eux; la Bibliothèque nationale, qui n'a qu'un exemplaire des imprimés et de la musique, en reçoit deux des estampes et autres ouvrages similaires, qui ne sont plus sujets à la détérioration ; le troisième exemplaire de la musique est destiné au Conservatoire.

Ce dépôt est fait, à Paris, au ministère de l'intérieur ; dans les départements, à la préfecture, pour les chefs-lieux, à la sous-préfecture, pour les chefs-lieux d'arrondissement, et, dans les autres villes, à la mairie. L'acte de dépôt mentionne le titre de l'imprimé et le chiffre du tirage.

Les dessins et autres ouvrages analogues sont publiés, comme les imprimés, sans aucune autre formalité ; l'autorisation administrative, à laquelle ils étaient restés soumis jusqu'ici, en vertu de l'article 22 du décret du 17 février 1852, disparaît avec la loi nouvelle.

Les imprimés destinés à des usages privés, qui sont désignés sous le nom d'ouvrages de ville ou bilboquets, sont affranchis par les articles 2 et 3 de l'indication du nom et du domicile de l'imprimeur et du dépôt comme ils l'étaient déjà du dépôt sous la législation précédente, par suite d'une tolérance ancienne.

L'article 3 exempte encore du dépôt les bulletins de vote et les circulaires commerciales et industrielles, parce que ces imprimés ne sont pas conservés dans les collections publiques ; mais ils doivent porter, comme les autres, l'indication du nom et du domicile de l'imprimeur.

Le dépôt doit être fait au moment de la publication ; il peut donc être concomitant ; mais il faut qu'il soit opéré à l'instant même où le premier exemplaire est rendu public.

De la presse périodique. — Droit de publication. — Gérance, déclaration et dépôt au parquet — La presse périodique a été placée pendant longtemps sous les régimes discrétionnaires de la censure ou de l'autorisation préalable. Supprimée en 1819, après la censure, l'autorisation préalable avait été rétablie en 1852, avec cet ensemble de mesures préventives et répressives qui avaient remis entièrement la presse entre les mains de l'administration. Elle a subsisté jusqu'en 1868. Depuis cette époque, la presse est revenue au régime de 1819 à 1852, qui écartait les mesures purement préventives en ne maintenant que le cautionnement, la déclaration préalable et la gérance. La loi nouvelle achève son émancipation en supprimant le cautionnement ; il présentait une utilité incontestable pour la garantie des condamnations judiciaires ; mais il constituait aussi une entrave pour la propagation de la presse, et c'est ce caractère qui en a motivé la suppression.

Les seules obligations qui soient imposées à la presse périodique sont celles de la gérance, de la déclaration préalable et du dépôt.

L'article 6 organise la gérance. Le gérant doit être français, majeur, avoir la jouissance de ses droits civils et n'être privé de ses droits civiques par aucune condamnation judiciaire. La législation antérieure exigeait du gérant les conditions imposées par l'article 980 du code civil aux témoins des testaments, qui doivent être du sexe masculin. Ces conditions n'ont pas été reproduites ; les femmes peuvent donc exercer aujourd'hui la gérance. Le rapporteur de la loi au Sénat en a fait la remarque expresse. Le doute pouvait provenir de ce que les femmes n'ont pas la jouissance des principaux droits civiques ; mais cette circonstance ne les exclut pas de la gérance ; on devra seulement exiger d'elles qu'elles n'aient subi aucune des condamnations qui font perdre les droits civiques aux Français mâles et majeurs. C'est ce que la cour de cassation avait déjà décidé pour le colportage, par interprétation d'une disposition analogue de la loi du 9 mars 1878.

La déclaration des journaux ou écrits périodiques, qui était reçue jusqu'ici par l'autorité administrative, est faite désormais, aux termes de l'article 7, au parquet du procureur de la République. Elle doit précéder la publication ; elle contient le titre du journal ou de l'écrit et son mode de publication, le nom et la demeure du gérant et l'indication de l'imprimeur ; elle est rédigée sur timbre et signée par le gérant. Les mutations doivent être déclarées de même, dans les cinq jours.

Le parquet donne un récépissé de la déclaration. Il ne peut pas le refuser, alors même que cette déclaration lui paraîtrait irrégulière ou inexacte ; mais il doit contrôler ensuite avec soin les énonciations qu'elle contient ; leur fausseté constituerait une contravention, aussi bien que l'omission de la déclaration.

Si l'autorité administrative ne reçoit plus elle-même les déclarations, elle n'en est pas moins intéressée à les connaître, quand ce ne serait que pour assurer l'exécution de l'article 10, qui prescrit le dépôt de deux exemplaires entre ses mains. La loi ne contient aucune prescription à cet égard, mais il vous appartient d'y suppléer. Vos substituts devront porter à la connaissance de MM. les préfets ou sous-préfets les déclarations et les mutations. Dans les villes où ces actes seraient trop nombreux pour que des copies en puissent être transmises régulièrement sans surcharger, outre mesure, le service des parquets, vos substituts se concerteront avec l'autorité administrative pour qu'elle puisse en prendre elle-même communication sur place.

Les personnes responsables des infractions résultant du défaut de gérance et de déclaration sont le propriétaire, le gérant et, à leur défaut, l'imprimeur. Si la publication irrégulière continue après une première condamnation, ces trois personnes deviennent solidairement responsables.

Le dépôt des journaux ou écrits périodiques est double ; il est à la fois judiciaire et administratif. Le premier est fait au parquet ou à la mairie dans les villes où il n'y a pas de tribunal. Le second est fait au ministère de l'intérieur, à Paris ; et, dans les départements, à la préfecture, à la sous-préfecture ou à la mairie. Ils comprennent, l'un et l'autre, deux exemplaires signés du gérant. Dans les villes où il n'y a ni tribunal, ni sous-préfecture, la mairie, centralisant les deux dépôts, devra donc recevoir quatre exemplaires ; ces exemplaires, reçus par l'autorité municipale pour le compte de l'administration et des parquets, seront transmis par elle à leurs destinations respectives. Ces dépôts, comme celui des imprimés, doivent être faits, au plus tard, au moment de la publication.

Les deux dépôts dont il s'agit ici sont indépendants de celui du journal, en tant qu'imprimé, prescrit par l'article 3, qui doit être cumulé avec eux. Ces dépôts ne sont pas imposés aux mêmes personnes ; et ils n'ont pas le même but. Le dépôt prévu à l'article 3 est imposé aux imprimeurs pour tous les imprimés quelconques qui sortent de leurs presses pour être rendus publics sans aucune exception autre que celle des ouvrages de ville ou bilboquets. Les journaux y demeurent donc assujettis. Ce dépôt a un but spécial bien défini par l'article même : il est destiné à enrichir nos collections nationales de tous les imprimés nouveaux qui méritent d'être conservés. Le dépôt administratif, prévu par l'article 10, est mis, comme le dépôt judiciaire, non plus à la charge de l'imprimeur, mais à celle du gérant. Il a pour but de tenir l'administration au courant de la presse périodique, dont elle ne peut se désintéresser ; il est fait pour son usage et non en vue de la destination spéciale prévue par l'article 3. Or, il importe au plus haut degré que cette destination soit remplie en ce qui concerne la prese périodique, et que la collection complète des journaux puisse être conservée dans nos dépôts publics.

Une quatrième et dernière formalité est imposée à l'imprimeur par l'articl 11 : il doit imprimer le nom du gérant au bas de tous les exemplaires.

Rectifications. — L'article 19 du décret du 17 février 1852 avait imposé aux journaux le régime des insertions officielles connues sous le nom de communiqués ; il obligeait les gérants à insérer tous les documents officiels, relations authentiques, renseignements, réponses et rectifications qui leur étaient adressés par l'autorité.

Un droit aussi étendu avait engendré de nombreux abus. L'article 12 l'a restreint dans les limites légitimes du droit de défense. Les dépositaires de l'autorité publique ne pourront, aux termes de cet article, adresser aux journaux et autres écrits périodiques que des rectifications au sujet des actes de leurs fonctions qui auraient été inexactement rapportés; elles sont gratuites; mais elles ne doivent pas dépasser le double de l'article auquel elles répondent.

Cette disposition rend désormais impossible toutes les communications abusives ou vexatoires; mais elle laisse en même temps aux représentants de l'autorité, dont les actes ont été méconnus ou travestis, toute la latitude nécessaire pour les défendre en en rétablissant le véritable caractère. Vous devez assurer en toute circonstance l'entier exercice de ce droit, d'autant plus respectable que la loi nouvelle accorde à la presse plus de franchises. Vos substituts et vous-même pourrez avoir à en faire usage. Vous veillerez à ce que ces rectification soient insérées exactement et, comme le prescrit l'article 12, en tête du plus prochain numéro.

L'article 13 règle le droit de réponse des particuliers, tel qu'il a été organisé par les lois antérieures. Il appartient à toutes les personnes qui ont été nommées ou désignées dans le journal ou écrit périodique. La réponse doit être insérée à la même place et avec les mêmes caractères que l'article qui l'a provoquée; elle est gratuite jusqu'à concurrence du double de cet article. Une seule modification aux dispositions antérieures a été introduite pour le règlement plus équitable du prix de l'excédent, lorsque la réponse dépasse le double. La loi du 9 septembre 1835 portait, dans son article 17, que cet excédent serait payé suivant le tarif des annonces,

ce que l'on entendait du tarif des annonces du journal ;
il sera calculé, d'après l'article 13, aux prix des annonces
judiciaires. L'insertion doit avoir lieu dans les trois jours
ou dans le plus prochain numéro.

Journaux ou écrits périodiques étrangers. — D'après
l'article 2 du décret du 17 février 1852, les journaux
politiques ou d'économie sociale ne pouvaient circuler en
France qu'en vertu d'une autorisation. La loi nouvelle
consacre le principe contraire. Désormais, la circulation
est libre, sauf les deux interdictions suivantes :

Une interdiction générale de circulation pourra être
portée contre un journal, par une décision du conseil
des ministres ; la circulation d'un numéro pourra être
interdite par une décision de M. le ministre de l'intérieur. Il est à remarquer, d'ailleurs, que cette règlementation spéciale s'applique à tous les journaux ou
écrits périodiques étrangers, de quelque matière qu'ils
traitent, et non-seulement aux journaux politiques ou
d'économie sociale. La mise en vente ou distribution de
journaux interdits ne sera punie qu'autant qu'elle sera
faite sciemment, au mépris de l'interdiction.

Affichage. — La profession d'afficheur est entièrement
libre ; elle n'est assujettie à l'accomplissement d'aucune
formalité. La déclaration à l'autorité municipale, que
l'article 2 de la loi du 10 décembre 1830 exigeait de
ceux qui voulaient exercer, même temporairement, cette
profession, est supprimée. La loi supprime également
les interdictions portées par les lois antérieures relative-
ment à certaines affiches et notamment à celles des
écrits concernant des nouvelles politiques (article 1er,
loi du 10 décembre 1830).

Les articles 15 et suivants n'édictent qu'un petit nombre de dispositions pour protéger les affiches de l'autorité et les affiches électorales. L'article 15 reproduit les

prescriptions édictées par le décret des 18-22 mai 1791,
pour distinguer les affiches des lois et autres actes de
l'autorité de celles des particuliers. Le maire désigne
par un arrêté, dans chaque commune, les lieux ou emplacements qui sont destinés à recevoir ces affiches ; il
est interdit d'y placarder des affiches particulières. Les
affiches de l'autorité peuvent seules être imprimés sur
papier blanc. Les imprimeurs doivent donc se servir
exclusivement, pour les affiches des particuliers, de pa-
piers de couleur ; il résulte des termes dans lesquels
l'article 15 est rédigé, que l'infraction à cette disposition
est à leur charge, comme elle l'était déjà sous la législation antérieure.

Les professions de foi, circulaires et affiches électorales peuvent être placardées sur tous les édifices publics,
en dehors des places réservées pour les affiches de l'autorité. Les édifices consacrés aux cultes sont seuls exceptés.

L'article 17 punit ceux qui enlèvent, déchirent, re-
couvrent ou altèrent par un procédé quelconque, de
manière à les travestir ou à les rendre illisibles, les affiches de l'administration ou les affiches électorales régulièrement placardées. La peine varie selon que le fait a
été commis par un particulier ou un fonctionnaire public ; c'est une peine de simple police dans le premier
cas, correctionnelle dans le second.

Il n'y aurait pas de contravention si les affiches lacérées ou travesties avaient été placardées, sans droit, et
dans des lieux ou emplacements prohibés. Ainsi le fonctionnaire public n'encourt aucune peine lorsqu'il enlève
les affiches électorales apposées sur les emplacements
réservés à l'administration ; il en est de même du particulier qui enlève des affiches apposées sur sa propriété
sans son autorisation. Les particuliers sont libres d'accorder ou de refuser l'autorisation de placarder des
affiches quelconques, électorales ou autres, sur leurs

propriétés. Le même droit n'appartient pas aux simples locataires ; une proposition qui avait été faite pour le leur accorder a été rejetée.

Colportage et vente sur la voie publique. — La loi affranchit les colporteurs et distributeurs de l'autorisation préalable ; elle supprime le catalogue et le livret. Elle astreint les colporteurs et distributeurs à la seule déclaration de leurs noms, prénoms, profession, domicile, âge et lieu de naissance. Il leur en est délivré un récépissé qui doit être présenté à toute réquisition. La distribution et le colportage accidentels sont entièrement libres ; ils sont exemptés de la formalité même de la déclaration. Il n'est pas nécessaire que le colporteur soit français et jouisse de ses droits civils et politiques ; ces conditions, exigées par le projet de loi primitif, ont été supprimées au cours de la discussion, avec l'obligation du catalogue et du livret.

Crimes et délits. — La loi nouvelle ne reconnaît qu'un petit nombre de délits. Elle est restée en deçà de la nomenclature classique de la loi de 1819. Les seuls crimes ou délits qu'elle a retenus, parmi ceux qui étaient prévus par toute la législation antérieure sur la presse, sont :

1°. La provocation aux crimes ou délits suivie d'effet ; 2° la provocation, non suivie d'effet, aux crimes de meurtre, de pillage ou d'incendie, aux crimes contre la sûreté de l'État ; 3° les cris ou chants séditieux ; 4° la provocation aux militaires pour les détourner de leurs devoirs ; 5° l'offense au président de la République ; 7° la publication de fausses nouvelles ayant troublé la paix publique ; 7° l'outrage aux bonnes mœurs ; 8° la diffamation et l'injure ; 9° l'offense et l'outrage envers les chefs d'État ou agents diplomatiques étrangers.

La loi a prévu encore certaines interdictions de publications ou de comptes rendus ; mais les infractions qui en résultent, bien que punies de peines correctionnelles, ont plutôt un caractère contraventionnel.

Provocations aux crimes et délits. — La provocation aux crimes et délits n'a pas été maintenue dans les termes de la loi de 1819. Les articles 23 et 24 y ajoutent une condition ; ils exigent, comme l'ancien article 102 du code pénal, qu'elle ait été directe ; ils suppriment, en outre, la provocation par dessins, gravures, peintures et emblêmes.

Sous ces modifications, l'article 23, comme la loi de 1819, assimile à la complicité proprement dite la provocation à des crimes ou à des délits suivie d'effet, ou même à la tentative de crime lorsque cette tentative réunit les conditions de la tentative légale, c'est-à-dire lorsqu'elle n'a manqué son effet que par des circonstances indépendantes de la volonté de son auteur. La provocation à la tentative de simples délits, même dans les cas où cette tentative est assimilée par la loi au délit lui-même, n'est pas punie.

En ce qui concerne la provocation non suivie d'effet, la loi nouvelle s'est attachée au système du code pénal (ancien article 102,) complété par la loi du 17 juillet 1791. Elle ne la punit qu'autant qu'il s'agit de crimes, de meurtre, de pillage et d'incendie ou des crimes contre la sûreté de l'État prévus par les articles 75 à 101 du code pénal.

L'article 25 punit la provocation aux militaires pour les détourner de leurs devoirs et de l'obéissance qu'ils doivent à leurs chefs dans tout ce qu'ils leur commandent pour l'exécution des lois et règlements militaires. C'est la reproduction de l'article 2 de la loi du 27 juillet 1849, avec une définition plus rigoureuse du délit. La loi de 1849 réservait les peines plus graves de la tentative d'embauchage ; cette réserve a été omise dans l'ar ticle 25 comme inutile ; mais il a été entendu que les textes des codes de justice militaire relatifs à l'embauchage, subsistent en entier et qu'il n'était rien innové par la loi à cet égard.

L'article 24, deuxième alinéa, punit les cris séditieux et les chants, que la jurisprudence leur assimilait déjà. La loi ne pouvait laisser ces actes impunis, lorsque le code pénal réprime les simples bruits ou tapages injurieux ou nocturnes qui troublent la tranquillité publique.

Délits contre la chose publique. — Trois délits seulement ont été retenus dans cette catégorie : l'offense au président de la République, les fausses nouvelles, l'outrage aux bonnes mœurs. Les outrages aux Chambres et l'outrage au gouvernement de la République, qui figuraient dans le projet primitif, ont été supprimés dans la discussion, à cause de leur caractère politique. Les outrages au président de la République sont qualifiés d'offenses. Cette dénomination comprend, comme l'outrage, la diffamation et l'injure ; elle a été conservée parce qu'elle était consacrée par la tradition législative et qu'elle a paru répondre, mieux que toute autre, à la situation exceptionnelle du chef de l'État. L'offense au président de la République est punie lorsqu'elle est commise, non-seulement par l'un des moyens de publicité admis pour la provocation, discours, cris ou menaces, mais aussi par des dessins, gravures, peintures, emblèmes ou images.

En ce qui concerne les fausses nouvelles, l'article 27 n'a pas reproduit les distinctions du décret de 1852, sur les fausses nouvelles simples, de mauvaise foi ou de nature à troubler la paix publique. Il ne les punit qu'autant qu'elles ont été publiées de mauvaise foi et qu'elles ont apporté un trouble réel à la paix publique. La loi ne définit pas ce trouble ; ce sera aux tribunaux et à vous-mêmes à l'apprécier dans chaque espèce particulière.

L'article 28 punit l'outrage aux bonnes mœurs commis par tous les moyens de publication, discours, cris, menaces, dessins, gravures, peintures, emblèmes ou images. Le législateur a voulu atteindre tout particulièrement ce délit, pour lequel il a dérogé au système d'abaissement des pénalités anciennes, qu'il a suivi partout ailleurs ; il a élevé le maximum des peines qui lui sont applicables à deux ans d'emprisonnement et à 2,000 francs d'amende, au lieu d'un an et 500 francs. Il déroge encore aux principes qu'il a établis en matière de saisie, en autorisant exceptionnellement, dans le cas d'outrage aux bonnes mœurs par dessins ou figures, la saisie préventive des dessins, gravures, peintures, emblèmes ou images qui ont été exposés ou mis en vente.

Délits contre les personnes. — Les délits contre les personnes sont l'offense envers les chefs d'État étranger, l'outrage envers les agents diplomatiques accrédités près le gouvernement de la République, la diffamation ou l'injure envers les corps constitués, les fonctionnaires, les citoyens chargés d'un service ou mandat public, les jurés, les témoins et les simples particuliers.

La loi nouvelle a conservé la définition classique de la diffamation et de l'injure, de la loi de 1819. Elle apporte néanmoins deux modifications légères à cette loi, en ce qui concerne l'injure. Elle supprime toute distinction entre l'injure simple et celle qui renferme l'imputation d'un vice déterminé ; elle admet, en outre, l'excuse de la provocation pour l'injure, même publique.

L'article 30, qui prévoit la diffamation envers les cours et tribunaux et les corps constitués, a reproduit l'énumération de la loi de 1822 ; il y a seulement ajouté, pour faire cesser des hésitations qui s'étaient produites dans la jurisprudence, les armées de terre et de mer ; il a supprimé le mot « autorité, » comme inutile et faisant double emploi dans les corps constitués et les administrations publiques.

L'article 35 autorise la preuve des faits diffamatoires, non seulement contre les fonctionnaires publics, mais aussi contre les corps constitués, les armées de terre ou de mer, les administrations publiques et même contre les jurés et les témoins ; l'interdiction de la preuve est rigoureusement restreinte aux diffamations commises envers les particuliers. Cet article contient une autre innovation importante : la vérité des faits pourra être établie aussi contre les directeurs ou administrateurs de toute entreprise industrielle, commerciale ou financière faisant publiquement appel à l'épargne. L'intérêt public exige, en effet, que les personnes qui exercent ces fonctions ou un mandat de cette nature répondent de la sincérité et de la fidélité de leur gestion devant le public auquel elles font appel.

Si la preuve des faits diffamatoires est rapportée, le prévenu sera renvoyé des fins de la plainte. L'article 20 de la loi du 26 mai 1819 ajoutait : « sans préjudice des peines prononcées contre toute injure qui ne serait pas nécessairement dépendante des mêmes faits. » Cette disposition a été supprimée comme dangereuse et inutile. On a voulu éviter par là que le juge ne se crût autorisé parfois à disqualifier les faits pour arriver à prononcer une condamnation malgré la preuve faite ; mais il a été reconnu que l'injure qui serait véritablement indépendante des faits diffamatoires continuerait à être poursuivie et punie comme constituant un délit distinct.

L'article 34 résout législativement la question controversée de la diffamation envers les morts. La cour de cassation a décidé que la diffamation pouvait résulter des seules imputations dirigées contre la mémoire des

morts ; la cour de Paris et d'autres cours d'appel re-
poussaient cette doctrine. Quelques arrêts admettaient
cependant un système mixte, aux termes duquel il y
avait diffamation punissable, dans les imputations contre les morts, toutes les fois que les héritiers étaient personnellement atteints par ces imputations, alors même
qu'elles n'auraient pas été dirigées intentionnellement
contre eux.

La loi a rejeté ces deux systèmes, comme étant de
nature à porter atteinte aux droits de l'histoire. Elle
n'autorise les héritiers à poursuivre les imputations diffamatoires ou injurieuses dirigées contre leurs auteurs
qu'autant que les diffamateurs auront eu l'intention de
porter atteinte à leur propre considération. Elle re-
pousse donc entièrement la diffamation envers les morts.
La réserve qu'elle fait au profit des héritiers, ne consacre pas un droit nouveau ; elle aurait été inutile à formuler s'il n'avait fallu écarter les solutions antérieures
de la jurisprudence. L'action n'est, en effet, dans ce cas,
que l'action personnelle de l'héritier diffamé.

L'article 34 accorde cependant, par une disposition
nouvelle, aux héritiers qui ne sont pas diffamés personnellement, lorsqu'il s'agit d'écrits périodiques ou de journaux, une faculté qui sauvegarde leurs intérêts, tout en
respectant les franchises de l'écrivain. Ils pourront user
du droit de réponse, réglé par l'article 13, pour repousser les imputations dirigées contre la mémoire de leurs
auteurs, alors même qu'ils n'auront été ni nommés ni
désignés personnellement.

Publications interdites. — Immunité de la défense. —
Les dispositions qui figurent sous cette rubrique ne font
que reproduire, avec de légères modifications, certaines
interdictions de publications et de comptes rendus, édictées par les lois antérieures et notamment par celles du

17 mai 1819 (art. 21 à 23) et du 27 juillet 1849 (art. 5, 10 et 11.)

Les articles 38 à 40 prononcent l'interdiction de publier les actes d'accusation et de procédure criminelle et correctionnelle avant qu'ils aient été lus en audience publique ; de rendre compte des procès en diffamation où la preuve n'est pas autorisée, ainsi que des délibérations intérieures des jurys, des cours et des tribunaux, et d'ouvrir ou annoncer publiquement des souscriptions ayant pour objet d'indemniser des condamnations judiciaires, criminelles ou correctionnelles.

L'article 39 autorise encore les tribunaux à interdire le compte rendu des procès dans toute affaire civile. Il n'étend pas cette interdiction aux matières criminelle ou correctionnelle, comme le faisait l'article 17, § 2, du décret du 17 février 1852 ; mais cette disposition ne porte pas atteinte au droit qui appartient toujours aux tribunaux d'ordonner le huis-clos dans tous les cas où la publicité constituerait un danger pour l'ordre et les mœurs, conformément à l'article 81, toujours en vigueur de la constitution du 4 novembre 1848.

L'article 41 consacre à nouveau l'immunité des débats parlementaires et des débats judiciaires. Il affranchit de toute poursuite, et notamment de toute action en diffamation, outrage ou injure, les comptes rendus des débats parlementaires ou judiciaires, et, à plus forte raison, les discours prononcés devant les Chambres, les rapports et autres pièces annexes des débats parlementaires, ainsi que les discours prononcés et les écrits produits devant les tribunaux. Mais il ne couvre de cette immunité que les comptes rendus de bonne foi. Les comptes rendus infidèles et de mauvaise foi ne peuvent en bénéficier à aucun titre. L'infidélité et la mauvaise foi ne tombent plus à elles seules sous le coup de la loi ; et l'article 7 de la loi du 25 mars 1822, qui en faisait un délit spécial, est entièrement abrogé. Mais une action pourra toujours être dirigée contre les auteurs des comptes rendus infidèles faits de mauvaise foi, dans le cas où ils contiendraient des imputations diffamatoires ou injurieuses ou quelqu'autre délit caractérisé.

Les poursuites qui seront dirigées contre eux, seront d'ailleurs portées devant les tribunaux comptétents, selon les règles ordinaires. La connaissance de ces affaires ne sera pas réservée aux corps des débats desquels il aura été rendu compte ; cette compétence exceptionnelle, que l'article 16 de la loi du 25 mars 1822 avait organisée pour la connaissance du délit spécial de compte rendu infidèle n'existe plus ; on avait proposé, au cours de la discussion, de la rétablir pour le jugement des comptes rendus diffamatoires ou injurieux, afin que le tribunal saisi fût mieux à même d'apprécier l'excuse de la bonne foi que le prévenu ne manquera pas d'opposer aux poursuites ; mais cette proposition a été rejetée.

Des poursuites et de la répression. — Des personnes responsables. — Les délits de presse exigent le concours de plusieurs agents. Les articles 42 à 44 indiquent quelles sont les personnes qui pourront en être déclarées responsables. Ils apportent sous plusieurs rapports des dérogations notables aux règles du droit commun qui étaient suivies jusqu'ici ; mais il est à remarquer qu'ils ne disposent que pour les délits commis par la voie de la presse. Ils ne s'appliquent ni aux délits de paroles, qui, ne comportant habituellement qu'un agent, devaient rester soumis aux règles ordinaires, ni aux contraventions prévues dans les chapitres I à III, pour chacune desquelles le législateur a désigné par une mention expresse les personnes responsables.

L'article 42 indique quels sont, parmi les agents qui ont concouru au délit, ceux qui doivent être considérés comme auteurs principaux, et l'ordre dans lequel ils seront poursuivis. Ce sont : 1° le publicateur, gérant ou

éditeur ; 2° à défaut de publicateur connu, l'auteur ;
3° à défaut d'auteur, l'imprimeur ; 4° à défaut d'imprimeur, les vendeurs, distributeurs ou afficheurs.

L'article 43 règle la complicité. Il n'est rien innové
en ce qui concerne les auteurs à cet égard ; ils sont toujours considérés comme complices, et ils doivent être
poursuivis à ce titre, avec les gérants ou les éditeurs
lorsque ceux-ci sont en cause comme auteurs principaux.

En ce qui concerne les imprimeurs, au contraire, la
loi contient une innovation considérable. Elle les affranchit de toute complicité à raison du fait de l'impression
des écrits délictueux, sauf dans le cas de provocation à
un attroupement, prévu par l'article 6 de la loi du 7
juin 1848 ; ils ne peuvent être retenus comme complices
qu'à raison des faits étrangers à l'impression, pourvu
que ces faits rentrent dans les conditions de la complicité légale prévues par l'article 60 du code pénal. La
rédaction primitive de l'article 43 étendait cette exception aux vendeurs, distributeurs ou afficheurs pour les
faits de vente, de distribution et d'affichage. Mais cette
mention a été supprimée. Il en résulte que ces agents
du délit, lorsqu'ils ne seront pas poursuivis comme auteurs principaux, pourront l'être comme complices, conformément au droit commun, dans le cas où ils auront
vendu, distribué ou affiché les écrits délictueux en connaissance de cause. C'est là d'ailleurs la disposition
l'article 22, qu'il faut combiner ici avec l'article 43,
édicte formellement en ce qui concerne les colporteurs
et distributeurs.

L'article 44 consacre une autre innovation. Il déclare
les propriétaires des journaux responsables des condamnations pécuniaires au profit des tiers.

La jurisprudence hésitait à admettre, sauf dans certains cas exceptionnels, que le fait du gérant engageât
la responsabilité des propriétaires du journal. D'après

la disposition nouvelle de l'article 44, le gérant devra être réputé, en principe, le préposé des propriétaires, qui deviendront, en conséquence, responsables de son fait dans les termes du droit commun. Cette responsabilité est d'ailleurs restreinte aux condamnations civiles : elle ne s'étend pas aux amendes. La propriété des journaux peut se constituer de bien des manières ; les propriétaires responsables seront ceux auxquels la loi civile ou commerciale reconnaîtra cette qualité.

Les jugements de condamnations détermineront toutes les responsabilités ; ils devront, en outre, fixer, conformément à la loi, la durée de la contrainte par corps. Il importe que les extraits délivrés aux comptables chargés du recouvrement portent toutes les mentions nécessaires pour l'exécution. Vous veillerez, en conséquence, à ce que les greffiers mentionnent exactement, sur tous ces extraits, les personnes responsables, avec l'indication de la solidarité, lorsqu'elle aura lieu, ainsi que la durée de la contrainte.

Juridiction. — Les crimes et délits de presse sont déférés à la cour d'assises. C'était déjà la règle posée par la loi du 16 mai 1819 ; c'était aussi celle de la loi du 15 avril 1871. La loi du 29 décembre 1875 l'avait maintenue ; mais elle disparaissait sous les exceptions nombreuses qui déféraient aux tribunaux correctionnels les délits les plus nombreux et les plus naturels. Les seules infractions qui échappent aujourd'hui à la juridiction de la cour d'assises sont les petites contraventions punies de simple police et un certain nombre d'infractions, la plupart matérielles, dont la connaissance a été attribuée au tribunal correctionnel.

Le tribunal de simple police connaît des contraventions qui suivent :

1° Omission du nom et du domicile de l'imprimeur (art. 2) ;

2° Affichage sur les lieux réservés aux affiches des actes de l'autorité publique (art. 15) ;

3° Impression d'affiches sur papier blanc (art. 15) ;

4° Lacération ou altération d'affiches administratives (art. 17, § 1er) ;

5° Lacération ou altération d'affiches électorales (art. 17, § 3) ;

6° Omission ou fausseté de la déclaration de colportage (art. 21) ;

7° Défaut de présentation du récépissé (art. 21) ;

8° Injures non publiques (art. 33, § 3) ;

Les infractions déférées aux tribunaux correctionnels sont les suivantes :

1° Omission du dépôt des imprimés (art. 3. 4 et 9) ;

2° Défaut de gérance (art. 6, 7 et 9) ;

3° Omission ou irrégularité de la déclaration des journaux ou écrits périodiques (art. 7, 8 et 9) ;

4° Omission ou irrégularité de la déclaration des mutations (art. 7 et 9) ;

5° Omission du dépôt des journaux ou écrits périodiques (art. 10) ;

6° Omission de l'impression du nom du gérant au bas des exemplaires (art. 11) ;

7° Défaut ou irrégularité de l'insertion des rectifications des dépositions de l'autorité publique (art. 12) ;

8° Défaut ou irrégularité de l'insertion des réponses des particuliers (art. 13) ;

9° Mise en vente ou distribution des journaux étrangers dont la circulation est interdite (art. 14) ;

10° Lacération ou altération d'affiches administratives par un fonctionnaire public (art. 17, § 2) ;

11° Lacération ou altération d'affiches électorales par un fonctionnaire public (art. 17, § 4) ;

12° Outrages aux bonnes mœurs par dessins, gravures, peintures, emblèmes ou images obscènes (art. 28, § 2) ;

13° Diffamations envers les particuliers (art. 32) ;

14° Injures envers les particuliers (art. 33, § 2) ;

15° Publication des actes de procédure criminelle et correctionnelle avant qu'ils aient été lus en audience publique (art. 38) ;

16° Comptes rendus des procès en diffamation où la preuve n'est pas autorisée (art. 39) ;

17° Comptes rendus interdits par les tribunaux (art. 39) ;

18° Comptes rendus des délibérations des jurys des cours et tribunaux (art. 39) ;

19° Ouverture ou annonce publique de souscriptions pour indemniser des condamnations criminelles ou correctionnelles (art. 40).

Compétence. — La loi ne s'explique pas sur la compétence ; c'est donc celle du droit commun. La loi de 1819 avait établi, dans son article 12, que les poursuites à la requête du ministère public seraient faites au lieu du dépôt des écrits poursuivis ou de la résidence du prévenu; l'article 8 de la loi du 29 décembre 1875 avait reproduit expressément, pour les crimes ou délits déférés aux cours d'assises, la compétence du lieu de dépôt.

Ces dispositions n'ont pas été reproduites par la loi nouvelle. La compétence demeure donc celle de l'article 63 du code d'instruction criminelle. La juridiction compétente est, avec celle de la résidence de l'inculpé, celle du lieu du délit, c'est-à-dire de tous les lieux dans lesquels l'ouvrage délictueux a été publié.

L'action civile pourra toujours être portée devant la juridiction criminelle ou correctionnelle avec l'action publique ; mais elle pourra aussi être exercée séparément, conformément à l'article 3 du code d'instruction criminelle. L'article 46 contient cependant une exception à cette règle : l'action civile résultant des délits de diffamation, dans le cas où la preuve des faits diffamatoires est autorisée, ne peut être poursuivie séparément de l'action publique, sauf dans le cas de décès de l'auteur du fait incriminé, ou d'amnistie. Cette disposition n'est que la production des articles 2 de la loi du 22 mars 1848 et 4 de la loi du 15 avril 1871. Elle a pour but d'empêcher que les corps constitués, les fonctionnaires publics et les autres personnes à l'égard desquelles la preuve est admise, dans un intérêt public, ne cherchent à s'y soustraire, en substituant aux poursuites criminelles dans lesquelles cette preuve devrait être administrée une simple demande en dommages-intérêts devant les tribunaux civils.

Procédure. — Plainte préalable. — Les crimes et délits commis par la voie de la presse et les autres moyens de publication sont poursuivis d'office par le ministère public ou par les parties lésées. Le droit du ministère public est subordonné, en général, à la nécessité d'une plainte préalable de la partie lésée, en matière de diffamation et d'injure, d'offense et d'outrage, tant envers les corps constitués et les personnes publiques, qu'envers les particuliers.

La loi du 29 décembre 1875 autorisait la poursuite d'office pour diffamation et injure envers les tribunaux et les corps constitués. La loi nouvelle revient au système de la loi du 26 mai 1819, qui exigeait une délibération de l'assemblée générale de ces corps ; dans le cas où le corps n'aura pas d'assemblée générale, la poursuite aura lieu sur la plainte de son chef ou du ministre duquel ce corps relève.

Dans les cas de diffamation ou d'injure envers les fonctionnaires publics, les dépositaires ou agents de l'autorité publique, les ministres des cultes, les citoyens chargés d'un service ou d'un mandat public, la plainte de la partie lésée pourra être suppléée par celle du ministre dont elle relève ; les fonctionnaires des divers ordres ne sont pas seuls intéressés à la poursuite, et leur chef hiérarchique doit pouvoir la provoquer lorsqu'il la juge nécessaire. Dans le cas d'offense ou d'outrage envers les chefs d'Etat et les agents diplomatiques étrangers, la plainte est portée sous la forme d'une demande au ministère des affaires étrangères, qui la transmet au ministre de la justice.

Il n'y a que deux exceptions à cette nécessité de la plainte préalable pour le chef de l'Etat et les ministres. La première s'imposait ; la seconde résulte de la réserve contenue dans le paragraphe 3 de l'article 47, qui n'exige la plainte que des dépositaires de l'autorité publique « autres que les ministres. » La règle est générale en ce qui concerne les particuliers : la poursuite pour diffamation ou injure ne pourra avoir lieu, aux termes de l'article 60, que sur la plainte de la personne diffamée ou injuriée.

Procédure devant la cour d'assises. — La loi du 15 avril 1871, qui avait restitué aux cours d'assises la connaissance des délits de presse, avait remis en vigueur les articles de la loi du 27 juillet 1849, relatifs à la procédure que la jurisprudence complétait avec ceux de la loi du 17 mai 1819 concernant le même objet. La loi nouvelle emprunte ses principales dispositions à ces deux lois ; mais elle contient aussi plusieurs dispositions nouvelles. Cette procédure ne peut plus être combinée qu'avec les dispositions du code d'instruction criminelle, dans les articles auxquels la loi nouvelle ne déroge pas soit expressément, soit tacitement.

Deux voies sont ouvertes au ministère public pour l'exercice des poursuites devant la cour d'assises : la voie ordinaire de l'information, et celle de la citation directe.

Une information préalable était le plus souvent nécessaire, sous la législation antérieure, pour arriver à la saisie préventive des imprimés délictueux ; mais cette saisie n'est plus autorisée aujourd'hui, sauf dans un cas, et la voie de la citation directe pourra être prise, dès le début, dans la plupart des cas qui requerront célérité.

Le droit de saisie est réglé par l'article 49. La saisie préventive, ou saisie-sequestre, de l'édition ou du tirage de l'imprimé délictueux, est supprimée. L'article 7 de la loi du 17 mai 1819, qui consacrait ce droit en le règlementant, est entièrement abrogé.

L'article 49 de la loi nouvelle n'autorise d'autre saisie que celle de quatre exemplaires, et encore ne peut-elle avoir lieu que lorsque l'imprimé délictueux n'a pas été déposé. Cette saisie n'a rien de commun avec la saisie-sequestre ; elle n'a pour but que de mettre la justice en possession du corps du délit.

La saisie-sequestre n'est maintenue que dans un cas : c'est celui de l'outrage aux mœurs, lorsqu'il est commis par dessins, gravures, peintures, emblèmes ou images obscènes, dans les termes du § 2 de l'article 28. Tous les exemplaires exposés, distribués ou mis en vente peuvent alors être saisis préventivement.

La loi a prohibé la saisie préventive parce qu'elle cause, quelle que soit la célérité de la procédure, un préjudice irréparable ; mais elle n'a pas entendu laisser libre la circulation d'imprimés reconnus délictueux. — L'arrêt de condamnation pourra donc ordonner la saisie et même la destruction de tous les exemplaires qui seraient mis en vente. Il pourra d'ailleurs, lorsque la destruction totale ne sera pas nécessaire, se borner à prescrire la suppression des seules parties délictueuses.

Avec la protection des écrits, la loi assure la protection des personnes. L'article 49 interdit la détention préventive pour tous les prévenus des délits de presse ou de parole, pourvu qu'ils soient domiciliés ; les prévenus de crimes y demeurent seuls soumis.

Le droit de poursuivre devant la cour d'assises n'appartient pas seulement au ministère public ; il est conféré, dans certains cas, à la partie lésée, à laquelle l'article 47 accorde le droit de citation directe. C'est là une dérogation au droit commun et même à toute la législation antérieure sur la presse ; elle se justifie aisément ;

les délits de presse sont déférés, par faveur, à la juridiction de la cour d'assises ; mais ils n'en constituent pas moins de simples délits, et il n'y avait pas de motifs de priver le plaignant du droit de saisir lui-même la justice comme en matière correctionnelle. Cette faculté est attribuée expressément aux fonctionnaires publics et aux dépositaires ou agents de l'autorité publique autres que les ministres, aux ministres du culte, aux citoyens chargés d'un service ou d'un mandat public, aux jurés et aux témoins, et enfin aux chefs d'Etats et agents diplomatiques étrangers. Il ne pouvait être question de la conférer au chef de l'Etat, dont la dignité doit toujours être protégée par l'autorité publique.

Le plaignant qui veut exercer l'action directe devant la cour d'assises doit adresser une requête au magistrat désigné pour présider cette cour. Le président fixe sur cette requête les jour et heure auxquels l'affaire sera appelée, en tenant compte des délais impartis par la loi entre la citation et la comparution. Il peut se faire qu'il soit saisi à une époque trop tardive pour qu'il puisse indiquer un jour utile, et que la session doive être close par suite de l'épuisement des affaires portées au rôle, avant l'expiration des délais prescrits pour la citation. Le président se bornera à constater l'impossibilité dans laquelle il se trouve de donner jour au plaignant, par suite de la tardivité de sa requête, et le renverra à se pourvoir ainsi qu'il avisera. Le plaignant n'aura qu'à attendre les prochaines assises, à moins qu'il ne préfère user du droit qui lui appartient de saisir toutes autres assises compétentes, c'est-à-dire celles de tous les autres lieux dans lesquels l'imprimé poursuivi aura été publié.

Il aura aussi la faculté de se pourvoir auprès du premier président pour provoquer une convocation d'assises extraordinaires ; mais il ne devrait être déféré à cette requête que dans des cas tout à fait exceptionnels. La loi n'a pas voulu priver le plaignant devant la cour d'assises de la faculté de citation qu'il avait devant le tribunal correctionnel ; mais il serait excessif, pour lui procurer l'exercice souvent téméraire de ce droit, d'imposer légèrement aux jurés la fatigue, et au Trésor les frais de la tenue d'assises extraordinaires.

La loi n'impose pas au ministère public l'obligation d'adresser une requête au président pour la fixation du jour auquel seront portées à l'audience les affaires poursuivies à sa requête. Les rapports de ces magistrats entre eux rendaient cette formalité inutile. Il suffira donc que le ministère public se concerte, à cet effet, avec le président.

La citation donnée au prévenu doit définir avec exactitude l'objet de la poursuite, de manière à le mettre en mesure de préparer tous les éléments de sa défense ; elle doit contenir, aux termes de l'article 50, l'indication précise des écrits ou autres imprimés, placards, dessins, gravures, peintures, médailles ou emblèmes, et des discours incriminés, avec la qualification des faits et l'indication des textes. C'est la reproduction presque textuelle de l'article 6 de la loi de 1819.

Si la citation est à la requête du plaignant, elle doit, en outre, porter copie de l'ordonnance du président d'assises pour la fixation du jour ; elle doit contenir aussi une élection de domicile dans la ville où siège la cour d'assises.

Le délai entre la citation et la comparution en cour d'assises est, en règle générale, de cinq jours francs, outre un jour par cinq myriamètres ; il est étendu à douze jours en matière de diffamation. Cette prolongation du délai est nécessitée par les notifications qui doivent être nécessairement échangées pour la preuve, dans les cas où elle est admise.

Le prévenu qui veut être admis à administrer la preuve des faits diffamatoires doit faire signifier, dans les cinq jours de la notification de la citation, au ministère public ou au plaignant, les faits dont il entend prouver la vérité, la copie des pièces et les noms, professions et demeures de ses témoins ; il doit faire, comme le plaignant, élection de domicile près la cour d'assises. Dans les cinq jours suivants, le ministère public ou le plaignant doivent faire signifier de leur côté la copie des pièces et des noms, professions et demeures des témoins avec lesquels ils entendent faire la preuve contraire. Ces dispositions sont empruntées aux articles 21 et 22 de la loi du 27 mai 1849.

Lorsque le ministère public prend la voie de l'information, il doit articuler et qualifier les faits avec l'indication des textes, dans son réquisitoire introductif (article 48.) L'affaire doit suivre son cours selon les règles ordinaires, et être portée devant la chambre des mises en accusation.

Une jurisprudence ancienne, formée sous l'empire des lois de 1819 et 1849, et confirmée sous celles de 1871 et de 1875, avait décidé qu'il n'était pas nécessaire de rédiger un acte d'accusation, sauf pour le cas de crime, et qu'il n'y avait pas lieu de remplir, dans le cas de simples délits, les formalités établies par les acticles 241 et 242 touchant la rédaction et la notification de cet acte. Cette décision doit encore être suivie aujourd'hui. Tous les articles qui supposent la détention préventive sont nécessairement inapplicables aux prévenus des délits de presse et de parole ; il en est ainsi notamment de l'interrogatoire prescrit par l'article 293 et, en général, de tous les articles du code d'instruction criminelle, qui ne peuvent, d'après l'ensemble des dispositions de ce code, trouver leur application qu'à l'égard des individus accusés de crimes et placés dans les liens d'une ordonnance de prise de corps.

L'arrêt de renvoi devra être notifié, et la citation a comparaître devant la cour d'assises, devra être donnée en vertu de cet arrêt. Il conviendra d'ailleurs de se conformer pour cette citation, aux prescriptions générales de l'article 50.

Les dispositions des articles 51 à 53, relatifs aux délais de la citation et aux formes de la preuve, devront évidemment être observées, en cas de renvoi, en vertu de l'arrêt de la chambre d'accusation, aussi bien que dans le cas de citation directe.

Les articles 54 et suivants ont pour but de déjouer les moyens dilatoires que le prévenu pourrait être tenté d'opposer à une poursuite dans laquelle la célérité est requise, en abusant des incidents ou du droit de faire défaut. Ces dispositions ne font d'ailleurs que reproduire, sauf quelques modifications, les dispositions des lois antérieures.

Dès que le prévenu a assisté à l'appel des jurés, l'instance est liée contradictoirement avec lui ; il ne peut plus faire défaut, quand même il se serait retiré pendant le tirage au sort. L'arrêt rendu avec le concours du jury sera définitif.

Les demandes en renvoi et tous les incidents sur la procédure devront être présentés avec l'appel des jurés.

L'article 56 applique à l'arrêt par défaut qui est rendu sans l'assistance des jurés les règles posées par l'article 187 pour les condamnations par défaut prononcées par les tribunaux correctionnels.

Si le prévenu ne comparaît pas, son opposition est réputée non avenue, et l'arrêt par défaut devient définitif.

L'article 58 consacre une dérogation importante à l'article 358 du code d'instruction criminelle, aux termes duquel l'accusé acquitté peut être condamné à des dommages-intérêts envers la partie civile. La cour n'aura pas cette faculté en matière de délits de presse ; elle ne pourra statuer que sur les dommages-intérêts réclamés par le prévenu, qui devra être renvoyé de la plainte sans dommages ni dépens.

L'article 59 règle la formation des cours d'assises extraordinaires qu'il pourrait y avoir lieu de convoquer exceptionnellement pour le jugement de poursuites urgentes après la clôture de la session ordinaire. C'est la reproduction textuelle de l'article 22 de la loi de 1849. Ces cours seront formées par une ordonnance du premier président. Le président des dernières assises les présidera de droit. Le ministère public ne devra évidemment provoquer la formation de ces assises que dans les cas d'absolue nécessité ; il aura d'ailleurs d'autant moins l'occasion d'y recourir qu'il a, comme le plaignant, la faculté d'exercer ces poursuites devant toutes les cours compétentes à raison du lieu du délit ; et qu'à défaut de celle du domicile, il pourra parfois porter l'affaire dans telle autre où s'ouvrirait une session prochaine, sans préjudice sérieux pour les personnes.

Police correctionnelle et simple police. — La poursuite a lieu conformément au code d'instruction criminelle. L'article 60 contient néanmoins quelques dispositions nouvelles. Le délai de la citation est réduit à vingt-quatre heures, dans le cas de diffamation ou d'injure pendant la période électorale envers un candidat à une fonction élective. L'article étend à la matière correctionnelle l'obligation de préciser et qualifier les faits incriminés dans la citation et les réquisitions à fin d'instruction. Enfin, il déroge à la règle d'après laquelle l'action publique, une fois mise en mouvement par la partie lésée, ne peut plus être arrêtée par le désistement de la partie civile, ni même du ministère public. Le désistement du plaignant arrêtera la poursuite commencée.

Pourvois en cassation. — L'article 61 dispense le prévenu et la partie civile qui se sont pourvus en cassation de la consignation de l'amende, et le prévenu de la mise en état que la jurisprudence lui imposait. L'article 62 fixe les délais dans lesquels le pourvoi doit être formé et l'affaire jugée.

Récidives, Circonstances atténuantes, Prescriptions. —

5*

La loi de 1819 avait rendu facultative, en matière de presse, l'aggravation des peines résultant de l'état de récidive. L'article 63 la supprime entièrement.

Le deuxième paragraphe applique aux crimes et délits prévus par la loi les dispositions de l'article 365 du code d'instruction criminelle, qui prohibent le cumul des peines.

L'article 64 reproduit la disposition de l'article 23 de la loi du 27 juillet 1849, qui réglait l'effet de la déclaration des circonstances atténuantes en faveur des prévenus ; la peine prononcée ne pourra excéder la moitié de la peine édictée par la loi ; cette graduation des peines a paru être la conséquence nécessaire de l'attribution des délits de presse au jury.

Dans le dernier état de la législation, la prescription en matière de délits de presse était celle du droit commun ; d'après la législation de 1819, l'action publique se prescrivait par six mois, et l'action civile par trois ans. La loi nouvelle assigne la même durée à l'action publique et à l'action civile, et la limite à trois mois.

La loi contient encore quelques dispositions transitoires qu'il est inutile de rappeler.

Abrogation de la législation antérieure. — La loi nouvelle abroge toute la législation antérieure sur la presse, édits, lois, décrets, ordonnances, arrêtés, réglements, déclarations quelconques, relatifs à l'imprimerie, la librairie, la presse périodique et non périodique, le colportage, l'affichage, la vente sur la voie publique, et aux crimes et délits prévus par les lois sur la presse et les autres moyens de publication (art. 68). Voici la liste des principaux délits abrogés :

1° Attaques contre la Constitution, le principe de la souveraineté du peuple et du suffrage universel (art. 1er du décret du 11 août 1848 ;)

2° Attaques contre le respect dû aux lois et à l'inviolabilité des droits qu'elles ont consacrés (art. 3 du décret du 27 juillet 1849 ;)

3° Attaques contre la liberté des cultes, le principe de la propriété et les droits de la famille (art. 3 du décret du 11 août 1848 ;)

4° Provocations à la désobéissance aux lois (art. 6 de la loi du 17 mai 1819 ;)

5° Excitation à la haine et au mépris du gouvernement (art. 4 du décret du 11 août 1848 ;)

6° Excitation à la haine et au mépris des citoyens (art. 7 du décret du 11 août 1848 ;)

7° Enlèvement ou dégradation des signes publics de l'autorité, en haine ou au mépris de cette autorité (art. 6 du décret du 11 août 1848 ;)

8° Port public de signes de ralliement non autorisés (même article ;)

9° Exposition publique, distribution ou mise en vente de signes ou symboles séditieux (même article.)

10° Apologie de faits qualifiés crimes ou délits (art. 3 de la loi du 27 juillet 1849 ;)

11° Provocation aux crimes ou délits non suivie d'effet, en dehors des cas réservés par les articles 24 et 25 (article 2 de la loi du 17 mai 1819 ;)

12° Outrage à la morale publique et religieuse (article 8 de la loi du 17 mai 1819 ;)

13° Outrage à une religion reconnue par l'État (article 1er de la loi du 25 mars 1822 ;)

14° Offense envers les Chambres (articles 11 de la loi du 17 mai 1817 et 2 du décret du 11 août 1848 ;)

15° Infidélité et mauvaise foi dans les comptes rendus des séances des Chambres et des tribunaux (article 16 de la loi du 25 mars 1822 ;)

16° Appréciation des discussions des conseils généraux sous la reproduction des comptes rendus y afférant (articles 31, §§ 2 et 3 de la loi du 10 août 1871 ;)

17° Publication d'articles politiques ou d'économie sociale émanant d'individus condamnés à une peine afflictive ou infamante (article 21 du décret du 17 février 1852 ;)

18ᶜ Publication de faits relatifs à la vie privée (art. 11 de la loi du 11 mai 1868.)

En résumé, tous les crimes ou délits prévus par les lois spéciales dites de presse qui n'ont pas trouvé place dans la loi actuelle, sont abrogés sans exception.

Mais les lois de presse ne contiennent pas tous les délits de publication ; il en est un petit nombre qui sont prévus par des lois spéciales.

Ces délits n'entrent pas dans les prévisions de la présente loi et doivent être considérés comme maintenus, à moins qu'ils ne se relient à ceux qui ont été abrogés, d'une manière si étroite qu'ils ne puissent en être séparés. C'est ce que l'article 68 exprime très-clairement, lorsqu'il vise limitativement les crimes et délits prévus par les lois sur la presse et les autres moyens de publication. La loi nous donne, d'ailleurs, elle-même, deux exemples de cette distinction essentielle. Elle rappelle incidemment, à l'article 43, comme étant toujours en vigueur, l'article 6 de la loi du 7 juin 1848 qui punit les provocations publiques à des attroupements par des discours ou des imprimés, parce qu'il s'agit là d'une loi qui, n'ayant nullement la presse pour objet, demeure en vigueur dans toutes ses dispositions. De même, l'article 68 abroge, par une disposition spéciale, l'article 31 de la loi du 10 août 1871 qui interdit aux journaux d'apprécier la discussion des conseils généraux sans reproduire en même temps la portion du compte rendu y afférente, parce que cette disposition, figurant dans une loi sur les conseils généraux, ne rentrait pas dans l'abrogation générale édictée par cet article.

Le projet de loi présenté primitivement à la Chambre des députés contenait, dans son article 2, une énumération de certains délits qui étaient expressément réservés. Cette énumération a été supprimée, comme inutile et dangereuse ; elle aurait pu faire considérer comme abrogées des dispositions de lois spéciales qu'il ne serait nullement entré dans la pensée du législateur de supprimer.

Parmi les dispositions qui doivent être incontestablement considérées comme maintenues, figurent, en première ligne, les délits prévus par les articles 222, à 227, 201 à 206, 260 à 264, 419 et 420 du code pénal ; ils étaient d'ailleurs tous visés dans l'énumération du projet primitif.

Les articles 222 à 227 sont relatifs aux outrages par paroles, par écrits ou dessins non rendus publics, envers les dépositaires de l'autorité et de la force publique. Le doute pouvait d'autant moins exister en ce qui concerne ces délits que la publicité n'est pas un de leurs éléments constitutifs, et qu'ils ont toujours trouvé une application distincte de celle des outrages prévus par la législation antérieure sur la presse.

Les articles 201 à 206 sont relatifs aux critiques, censures ou provocations dirigées par parole ou par écrit, par les ministres des cultes, contre l'autorité publique. Ces délits qui constituent bien des délits de publication, sont néanmoins maintenus ; ils sont entièrement étrangers à la matière de la presse et sont classés sous la rubrique des abus d'autorité ; ils ont été d'ailleurs expressément réservés au cours de la discussion, comme ils l'étaient dans l'article 2 du projet.

Il en est de même des articles 260 à 264, qui prévoient les entraves apportées par les particuliers au libre exercice des cultes, et les outrages contre les objets de ces cultes ; des articles 419 et 420, qui punissent les fausses nouvelles à l'aide desquelles on a opéré la hausse ou la baisse des marchandises ou effets publics ; des délits spéciaux prévus par les lois électorales, outrages envers les buraux électoraux ou l'un de leurs membres ; fausses nouvelles ayant surpris ou détourné des suffrages ou déterminé des abstentions (art. 45 et 40 du décret du 2 février 1852 ;) des annonces ou affiches de remèdes secrets (art. 36 de la loi du 21 germinal au XI ;) de la distribution de billets de loteries non autorisées (art. 4 de la loi du 25 mai 1836.)

Les délits ainsi maintenus comme se rattachant à des lois spéciales échappent entièrement aux prévisions de la loi nouvelle et demeurent, en conséquence, soumis aux juridictions de droit commun.

L'abrogation générale de l'article 68 ne porte pas davantage atteinte aux lois qui régissent la propriété littéraire, artistique ou industrielle, non plus qu'aux nombreuses dispositions des lois fiscales concernant l'imprimerie et la presse.

Telle est, monsieur le procureur général, l'économie générale de la loi qui est aujourd'hui le code unique de la presse.

Le gouvernement en avait, en quelque sorte, devancé l'application, en répudiant depuis longtemps la plupart des délits qu'elle a abrogés.

Vous n'exerciez de poursuites de presse que lorsqu'elles vous paraissaient réclamées par un sérieux intérêt public. Vous observerez encore la même réserve.

La loi a affranchi de toutes les mesures préventives l'imprimerie et la presse ; elle n'a maintenu que quelques formalités dont le but unique est d'assurer la responsabilité des écrits délictueux, soit au regard de l'action publique, soit au regard des tiers. Ces formalités sont en assez petit nombre ; elles sont assez peu coû teuses, assez faciles à remplir pour qu'elles doivent être exécutées rigoureusement. Vous tiendrez la main à leur entier accomplissement. Vous pourrez adresser officieusement aux contrevenants, lorsque vous le jugerez convenable, un avertissement préalable ; mais vous n'hésiterez pas ensuite à les déférer aux tribunaux.

Vous poursuivrez rigoureusement toutes les contraventions de simple police et même toutes les infractions qui, bien que déférées aux tribunaux correctionnels, ont surtout un caractère contraventionnel.

En ce qui concerne les délits proprement dits, vous aurez à apprécier, dans chaque cas particulier, l'intention, le préjudice, l'intérêt public en jeu. Vous m'en référerez, comme par le passé, chaque fois que l'affaire l'exigera, sauf à commencer les poursuites dans le cas d'urgence.

Vous pèserez les poursuites avec calme et maturité ; mais lorsqu'elles seront résolues, vous devrez les conduire avec la plus grande célérité possible. Vous prendrez la voie rapide de la citation directe toutes les fois qu'une information préalable ne sera pas nécessaire.

Vous continuerez, au surplus, à me consulter dans tous les cas douteux, soit quant à l'opportunité, soit quant aux qualifications, soit quant aux questions de procédure ou de compétence.

Je ne puis que vous recommander, dans cette épreuve d'une loi nouvelle, la conciliation des devoirs de modération et de prudence, dont vous vous êtes inspiré jusqu'ici, avec la protection qui est due aux grands intérêts dont vous avez la garde.

Recevez, monsieur le procureur général, l'assurance de ma considération très distinguée.

Le garde des sceaux, ministre de la justice,

JULES CAZOT.

PREMIÈRE PARTIE

—

LÉGISLATION GÉNÉRALE DE LA PRESSE

ET AUTRES MOYENS DE PUBLICATION.

CHAPITRE PREMIER

DE L'IMPRIMERIE ET DE LA LIBRAIRIE

—

I. — *Principes de la législation*

1. — L'imprimerie est de tous les moyens de publicité le plus étendu et le plus rapide, et, par conséquent, en même temps le plus utile et le plus dangereux. Aussi, à toutes les époques, le législateur s'est-il préoccupé des mesures à prendre pour retirer de cette admirable industrie tous les avantages qu'elle peut procurer sans s'exposer à ses inconvénients.

Longtemps, la loi française a cherché dans le monopole et les restrictions un remède aux dangers qui pouvaient résulter des écarts de l'imprimerie ; c'est seulement dans la seconde moitié du 19° siècle, en 1870, ou pour mieux dire en 1881, que la loi a consacré la liberté de l'imprimerie et de la librairie.

2. — « L'imprimerie et la librairie sont libres ; » tel est l'article placé en tête de la loi qui régit aujourd'hui la presse.

Pour bien comprendre la portée de cette disposition législative, bien plus étendue en la forme qu'elle ne l'est en réalité, il est nécessaire de jeter un coup d'œil rapide sur la législation antérieure. Sans remonter à l'ordonnance de Moulins de 1366 ou à celle du 28 février 1723, qui constituait un véritable code de l'imprimerie et de la librairie [1], il n'est pas sans intérêt de rechercher comment les divers gouvernements, qui se sont succédés en France, ont cru indispensable de soustraire au principe général de la liberté l'exercice des industries se rattachant à la presse, c'est-à-dire à la fabrication et à la publication des ouvrages imprimés.

3. — Le décret des 2-19 mars 1791, déclarant libres toutes les professions et permettant de les exercer à la seule condition de prendre une patente, avait affranchi les imprimeurs et les libraires de toutes les conditions particulières auxquelles l'ancien régime soumettait l'exercice de leur industrie. La constitution de 1791 et celle de l'an III confirmèrent ce principe de liberté.

Mais la loi du 18 germinal an IV, voulant mettre un terme aux quelques abus qui s'étaient manifestés, apporta, la première, une restriction à la liberté de l'imprimerie, en exigeant l'indication du nom des imprimeurs au bas de toutes les publications ; plus tard, un décret du 7 germinal an X défendit d'imprimer les livres d'église sans la permission des évêques diocésains.

C'est seulement le 5 février 1810 qu'un décret réglementa complétement la librairie et l'imprimerie, en limitant le nombre des imprimeurs et en établissant la censure. Une loi du 21 octobre 1814, et une ordonnance réglementaire du 24 du même mois, déterminèrent enfin

---

[1] Voir l'ouvrage de Saugrain, syndic de la librairie qui porte ce titre : Code de la librairie et imprimerie de Paris, ou Conférence du réglement arrêté au conseil d'Etat du roy le 28 février 1723, et rendre commun pour tout le royaume, par arrêt du Conseil d'État du 24 mars 1744, avec les anciennes ordonnances, édits, déclarations, arrêts, réglements et jugements rendus au sujet de la Librairie et de l'Imprimerie, depuis 1332 jusqu'à présent ; à Paris, aux dépens de la Communauté M. DCC XLIV, avec approbation et privilège du roy, in-12 de 496 pages.

l'organisation de la librairie et de l'imprimerie ; cette législation est demeurée en vigueur jusqu'en 1870.

4. — Aux termes des dispositions législatives de 1810 et de 1814 [1], nul ne pouvait ouvrir une imprimerie, s'il n'obtenait, au préalable, un brevet du ministère de l'intérieur, en justifiant de sa capacité et de sa moralité, et s'il ne prêtait en outre le serment de ne rien imprimer de contraire à ses devoirs envers le souverain et à l'intérêt de l'Etat.

Ce brevet devait être enregistré au greffe du tribunal civil de la résidence de l'impétrant, qui prêtait serment devant le même tribunal. Il ne pouvait ouvrir qu'un seul établissement, et défense était faite aux imprimeurs de travailler ou faire travailler ailleurs que dans les maisons où ils demeuraient. Délivré pour un lieu déterminé, le brevet était sans effet partout ailleurs, et le titulaire était punissable s'il transportait son établissement d'une ville dans une autre, ou s'il établissait, sans nouveau brevet, une succursale hors du lieu de sa résidence ; le nombre des imprimeurs était en effet limité dans chaque localité.

Le brevet d'imprimeur ne pouvait être cédé, vendu, loué, en tout ou en partie, sans l'agrément du gouvernement, il ne pouvait non plus être donné en nantissement, ni transmis de plein droit par succession, sauf au gouvernement à avoir pour les familles des égards particuliers.

---

[1] On pourra consulter sur cette législation les ouvrages suivants : Bonès et Bonnassies, *Dictionnaire pratique de la presse*, 3 vol. in-8°, 1852.

Parant, *Lois de la presse*, vol. in-8°, 1836.

Chassan, *Traité des délits et contraventions de la parole, de l'écriture et de la presse,* 3 vol. in-8°, 1851.

De Grattier, *Commentaires des lois de la presse*, 2 vol. in-8°, 1839-45.

Le principe de la personnalité du brevet avait pour conséquence la prohibition d'exploiter des presses placées dans les ateliers d'un imprimeur breveté et sous sa responsabilité, mais employées en réalité par leurs propriétaires sans le concours effectif du titulaire.

A défaut de brevet, il y avait clandestinité de l'imprimerie ; et cette clandestinité constituait un délit punissable d'une amende de dix mille francs et d'un emprisonnement de six mois. Enfin, bien que donné à vie, le brevet pouvait être retiré par le gouvernement à tout imprimeur convaincu, par jugement, de contravention aux lois et règlements concernant spécialement l'imprimerie, et même de tout délit de presse en général.

5. — Un décret du 10 janvier 1870, substitua de nouveau au régime du privilège celui de la liberté. Son article premier s'exprimait en ces termes: « Les professions d'imprimeur et de libraire sont libres. » Mais l'article 2 apportait une restriction importante à cette liberté : « Toute personne, disait-il, qui voudra exercer l'une ou l'autre de ces professions sera tenue à une simple déclaration faite au ministère de l'intérieur. »

Le législateur de 1881 a supprimé cette restriction ; l'imprimerie et la librairie jouissent maintenant d'une liberté presque complète[1], il a fallu près d'un siècle pour effacer de nos lois cette exception au principe de la liberté industrielle si justement proclamée en 1791[2].

6. — A côté des obligations édictées contre l'imprimeur, s'en plaçaient d'autres qui s'adressaient à l'auteur même, et obligeaient l'imprimeur à déclarer le titre des

---

[1] Il résulte d'une circulaire du ministre de l'intérieur que la *librairie étrangère* peut désormais entrer librement en France.

[2] Il convient toutefois d'ajouter qu'une loi du 11 mai 1868 (art. 14) avait déjà rendue moins dure la législation de 1810 et de 1814, en autorisant les gérants de journaux à créer une imprimerie exclusivement destinée à l'impression de leur journal.

ouvrages qu'il devait imprimer et à en déposer un certain nombre d'exemplaires entre les mains de l'autorité.

7. — Les restrictions imposées aux imprimeurs dans l'ancienne législation se divisaient donc en deux catégories : 1° Ils ne pouvaient exercer leur professions qu'après y avoir été *autorisés* par le gouvernement qui leur remettait un *brevet* et après avoir prêté serment de ne rien imprimer de contraire à leurs devoirs envers le souverain et à l'intérêt de lÉ'tat ; — 2° Ils devaient remplir diverses formalités ayant pour but de mettre l'autorité en mesure d'exercer une *surveillance* sur la presse. (Livre à tenir, déclaration, dépôt, nom et demeure de l'imprimeur.)

La loi du 29 juillet 1881 a fait disparaître la première partie de ces obligations, elle a au contraire laissé subsister presque toutes celles qui sont énumérées dans la seconde catégorie. Elle présente ce signe caractéristique que les précautions édictées par elle s'appliquent non pas à l'organisation même de l'imprimerie, mais bien aux écrits qui en émanent ; c'est ainsi que l'imprimeur n'est soumis à aucune formalité pour mettre en œuvre ses presses, tandis qu'il doit au contraire procéder au dépôt, d'après les termes de l'art. 3 de la loi, chaque fois qu'un imprimé est rendu public.

De toutes les restrictions anciennes, la loi du 27 juillet 1881 ne conserve que le dépôt et l'obligation pour l'imprimeur d'indiquer son nom et son domicile ; elle les règlemente d'une façon nouvelle. Le dépôt étant de beaucoup la formalité la plus importante sera tout d'abord étudié, contrairement à l'ordre suivi par le législateur de 1881.

II. — *Du dépôt.*

8. — D'après le décret de 1810 et la loi de 1814, les imprimeurs devaient tenir un livre coté et parafé par le maire, sur lequel ils inscrivaient, par ordre de date, et avec une série de numéros, le titre littéral de tous les ouvrages qu'ils imprimaient, le nombre des feuilles, de volumes et des exemplaires et le format de l'édition. Ce livre devait être présenté à toute réquisition, aux commissaires de police, et visé par eux s'ils le jugeaient convenable. L'obligation, ainsi imposée aux imprimeurs, servait en quelque sorte de sanction à la déclaration et avait sa raison d'être lorsque le fait seul de l'impression était soumis à une déclaration à l'autorité, indépendamment de toute publicité donnée à l'imprimé ; mais aujourd'hui que la déclaration a disparu et que l'autorité n'est avertie de l'existence de l'imprimé que par le dépôt, alors que l'imprimé est mis déjà en circulation, la tenue d'un livre spécial n'a plus sa raison d'être, et il faut en conclure que la loi du 29 juillet 1881 a fait complètement disparaître cette obligation.

9. — Bien qu'elle ne le dise pas expressément, cette loi a supprimé la formalité de la déclaration ; c'est la conséquence de ce principe qui domine tout le chapitre premier, que le fait même de l'impression ne doit pas être contrôlé, mais seulement la mise en circulation de l'imprimé ; tout au contraire la formalité du dépôt a été formellement conservée.

10. — Le dépôt, tel que le règlemente l'art. 3 de la loi du 29 juillet 1881, consiste dans l'obligation pour l'imprimeur de remettre entre les mains de l'autorité un certain nombre d'exemplaires de l'ouvrage qu'il vient d'imprimer.

C'est certainement l'un des moyens les plus sûrs et les plus pratiques d'appeler l'attention de l'autorité sur tout ce qui s'imprime ; par l'examen des exemplaires déposés, il sera facile d'apprécier la nature et le caractère de l'ouvrage, le danger qu'il peut présenter au point de vue de la morale ou de la politique, et de prendre telle mesure que de droit. Le dépôt offre en outre l'avantage d'enrichir les collections nationales qui doivent profiter du travail de tous les érudits.

11. — Quels écrits sont soumis à la formalité du dépôt? — L'art. 3 s'exprime en termes tout-à-fait généraux. « Au moment de la publication de *tout imprimé*, il en sera fait dépôt par l'imprimeur. » Puis la partie finale de cet article contient une exception ainsi libellée : « Sont exceptés de cette disposition les bulletins de vote, les circulaires commerciales ou industrielles et les ouvrages de ville ou bilboquets. » Il y a donc dans la loi une règle et une exception, d'où la conséquence qu'en principe *tous les imprimés*, sauf ceux nominativement désignés dans la partie finale de l'art. 3, doivent être déposés.

C'est du reste ce qui avait été jugé sous l'empire de l'ancienne législation. La jurisprudence appliquait à tous les écrits quels qu'ils soient[1] la nécessité du dépôt, elle exceptait toutefois les ouvrages de ville ou bilboquets, bien qu'ils ne fussent pas alors nommément exclus par la loi[2] ; en établissant une première exception à ce sujet, le législateur n'a donc fait que consacrer la jurisprudence des tribunaux.

12. — Les *ouvrages de ville* ou bilboquets sont ainsi définis par une circulaire du directeur de la librairie du 16 juin 1830 : « Ceux qui, imprimés pour le compte de l'administration ou destinés à des usages privés, ne sont pas susceptibles d'être répandus dans le commerce. »

Il faut ranger dans cette catégorie les mémoires sur procès signés des avocats[3], ou avoués[4]. La destination

---

[1] Metz, 31 août 1833. Lamort, trib. com. de Tours, 2 mai 68 p. 68. 3, 95. Cass. cr. 20 fév. 1875. D. 75, 1, 388.
[2] Caen, 21 août 1826. v° Gaumont.
[3] Caen, 21 août 1826, déjà cité.
[4] Cass. 21 oct. 1825.

de ces écrits, l'autorité qui s'attache à la signature d'un membre du barreau ou d'un officier ministériel sont des garanties suffisantes aux yeux de la loi.

13. — L'art. 3 de la loi de 1881 dispense aussi du dépôt les *circulaires commerciales ou industrielles.*

Sous l'empire de la législation précédente, les circulaires commerciales avaient été rangées dans la catégorie des ouvrages de ville ou bilboquets et, comme telles, dispensées du dépôt. La loi nouvelle a consacré sur ce point encore l'ancienne jurisprudence.

Il est difficile de préciser à quels caractères on reconnaît qu'un imprimé est bien une circulaire commerciale ou industrielle [1] ; il faudra dans tous les cas s'attacher non pas à l'importance de l'écrit, au fait qu'il ne contient que des prix courants et autres indications de ce genre [2], mais bien à sa destination, c'est-à-dire à faire valoir les produits d'un établissement commercial ou industriel [3]. Le but bien plutôt que la forme de l'écrit doit être considéré.

C'est ainsi qu'une annonce ou prospectus faisant connaître une découverte et en faisant valoir les avantages, n'a pas le caractère commercial et n'est pas dispensé du dépôt [4] ; de même encore une affiche de théâtre [5] ; une circulaire signée d'un fabricant, ayant pour but de préconiser son travail [6] ; l'écrit d'un pharmacien ou d'un médecin contenant, avec certains développements, l'annonce d'une découverte relative à l'art de guérir [7] ; — une lettre adressée aux députés d'un département [8] ; —

---

[1] Caen, 21 août 1826.

[2] Cass. crim., 4 octobre 1844, D. 45, 4, 313.

[3] Cass. crim., 5 juillet 1845, D. 45, 1, 351.

[4] Cass. crim., 3 juin 1836, S. 36, 1, 925 ; D. 36, 1, 384.

[5] Cass. crim., 13 juillet 1872, D. 72, 1, 287 ; S. 73, 1, 192.

[6] Cass. 5 juillet 1865, *Le Droit* du 6 juillet.

[7] Cass. 16 août 1839, D. 40, 1, 20.

[8] Cass. 31 juillet 1823.

une lettre émanée de la commission administrative
d'une société dûment autorisée, écrite et imprimée à
l'occasion de la demande du préfet, exigeant la
liste des membres de ladite société, et transmise ensuite
à chacun des membres dans le but de savoir s'il consent
à voir figurer son nom sur la liste réclamée[1] ; —
un écrit renfermant l'énonciation du prix ou salaire de
divers travaux de fabrique, quand bien même il ne rem-
plirait que le recto d'une feuille de papier, si d'ailleurs
il est destiné à être vendu[2] ; — une notice nécrologique
extraite d'un journal, répandue dans le public sous forme
de brochure[3] ; — une pétition, extraite d'un journal
et publiée isolément[4], etc. etc.

14. — Enfin la loi range encore dans l'exception les
bulletin de vote. Faut-il en dire autant des pétitions, circulaires des candidats, professions de foi?

Les termes limitatifs employés par le législateur dans
le § 4 de l'art. 3 indiquent très-nettement que ces divers
imprimés sont soumis au dépôt. Antérieurement, la jurisprudence astreignait à cette formalité les écrits si
courts qu'ils soient concernant la politique, la religion
ou la morale[5]. — La même obligation s'appliquait aux
placards pour une élection[6], aux professions de foi[7], à la
convocation pour une réunion politique[8], aux pétitions
insérées ou incartées dans un journal et destinées à
être séparément distribuées[9], aux mandements impri-

---

[1] Cass. 20 fév. 1875. S. 75, 1, 191 ; D. 75, 1, 388.

[2] Cass. 4 oct. 1844, S. 45, 1, 49.

[3] Aix, 22 nov. 1855, S. 56, 2, 85·

[4] Cass. 28 nov. 1850, S. 51, 1, 456 ; — Bordeaux, 24 mai 1872,
D. 73, 2, 126.

[5] Cass. 5 juin 1826.

[6] Caen, 29 nov. 1849.

[7] Cass. 18 déc. 1863.

[8] Cass. 22 août 1850.

[9] Cass. 28 nov. 1850, D. 51, 1, 278. — 22 fév. 1851. D. 51 5,
457.

més des évêques[1] ; il en est de même aujourd'hui.

15. — Les *écrits traitant de matières politiques ou d'économie sociale* et ayant moins de dix feuilles d'impression, autres que les journaux ou écrits périodiques, subissaient autrefois, indépendamment du dépôt prescrit par la loi du 21 octobre 1814,un second dépôt aux termes de l'art 7, de la loi du 27 juillet 1849. Ce dépôt était fait au parquet du procureur de la République du lieu de l'impression,vingt-quatre heures avant toute publication et distribution. L'imprimeur devait déclarer au moment du dépôt, le nombre d'exemplaires qu'il avait tirés ; il lui était donné récépissé de sa déclaration.

Un arrêt de Rouen du 13 décembre 1877[2] a décidé que l'art 7 de la loi du 27 juillet 1849 était encore en vigueur. Peut-on en dire autant depuis la promulgation de la loi du 29 juillet 1881 ? — La négative semble devoir être adoptée ; dans le projet de loi sur la presse, l'art. 2, qui est devenu l'art. 68, abrogeait expressément l'art. 7 de la loi du 27 juillet 1849, et l'art. 68 abroge les édits, lois, décrets, ordonnances, arrêtés, règlements, déclarations généralement quelconques, relatifs à l'imprimerie, à la librairie et à la presse.

16. — L'art. 4 de la loi du 25 juillet 1881 explique en termes précis que la formalité du dépôt s'applique « à tous les genres d'imprimés ou de reproductions destinés à être publiés » c'est l'affirmation très-nette de ce principe que l'obligation du dépôt est absolument générale, qu'elle vise non-seulement tous les modes d'impression, mais encore tous les modes de reproduction : lithographie, gravure, photographie.

On a pu décider avant la loi de 1881 que la *musique*

---

[1] Circ. min. du 2 janv. 1851.
[2] Journ. *Le Droit* du 20 janv. 1878.

gravée sans texte n'était pas soumise au dépôt ; la solution contraire doit prévaloir aujourd'hui ; elle découle d'abord de la généralité du principe qui vient d'être énoncé ; puis du § 2 de l'art. 4 relatif à l'importance du dépôt, lequel signale « la musique, » sans restreindre cette expression à la musique avec paroles.

La réimpression d'un écrit est soumise comme l'impression première, à la formalité du dépôt ; et cela est vrai surtout lorsque la réimpression s'effectue sous un autre format ou avec une autre justification, dans le but de répandre l'écrit plus facilement[1].

17. — Que doit contenir l'acte de dépôt?— Le § 3 de l'art. 3 répond à cette question : « l'acte de dépôt, dit-il, mentionnera le titre de l'imprimé et le chiffre du tirage. » C'est là une disposition nouvelle, qui n'existait pas dans le projet de la loi et n'a été introduite qu'au cours de la discussion par la commission du Sénat.

On a dit, pour justifier cette disposition, que le titre d'un ouvrage constitue une propriété ; qu'il importait de fixer le droit de priorité par l'acte du dépôt ; qu'il importait non moins de constater le chiffre du tirage. Quand un auteur vend une édition à un éditeur, il la vend tirée à un nombre déterminé d'exemplaires ; si l'acte de dépôt ne le constate pas authentiquement, quel sera le moyen de vérifier, en cas de litige, que ce nombre a été ou n'a pas été dépassé? L'ordonnance de 1814 prescrivait déjà aux imprimeurs semblable déclaration sur le livre spécial dont elle leur imposait la tenue, comme il a été dit plus haut (n° 8) ; le § 3 de l'art. 3 de la loi du 27 juillet 1881 remplace donc, dans ce cas particulier, la prescription ancienne, et permet aux auteurs de contrôler, en cas de besoin, le chiffre du tirage de leurs publi-

---

[1] Cass. ch. réunis, 5 août 1834, P. 34, 838 ; — Cass. 22 nov. 1855. D. 56, 2, 268.

cations. Mais le législateur de 1881 n'avait, pas plus que celui de 1814, à s'occuper, même incidemment, dans une loi sur la presse, de la propriété littéraire ; il s'est surtout placé au point de vue de la répression ; et a pensé que l'importance du tirage serait, en certain cas, un motif déterminant de la poursuite ; une publication tirée à quelques exemplaires pourrait ne présenter aucun danger, tandis qu'elle pourrait en offrir un si le tirage était considérable.

18. — Par qui doit être fait le dépôt ? — Lorsque la profession d'imprimeur était soumise à la nécessité d'un brevet, le dépot ne pouvait émaner que de l'imprimeur lui-même ou d'un mandataire, porteur d'une procuration spéciale. On admettait dans la pratique des tempéraments, mais l'imprimeur seul était personnellement responsable du défaut de dépôt[1], et une fois le dépôt effectué régulièrement on ne recherchait pas par quelle main il avait été fait.

La loi de 1881 a maintenu la responsabilité personnelle de l'imprimeur pour le dépôt. Les termes de l'art. 3, sont formels ; « le dépôt sera fait par l'imprimeur sous peine d'amende. » Il faut donc décider que l'imprimeur seul, et non l'auteur de l'écrit, devrait être poursuivi en cas d'infraction à la formalité du dépôt.

19. — Combien d'exemplaires faut-il déposer ? — Le nombre des exemplaires à déposer était de cinq sous l'empire de la loi de 1814, et avait été réduit à trois par l'ordonnance de 1838 ; le législateur de 1881 a pensé que le sacrifice imposé à l'éditeur et à l'auteur était encore trop lourd, et pour les imprimés, il a réduit à deux le nombre des exemplaires à déposer.

Pour les estampes et la musique, une distinction a été

______

[1] Caen, 29 nov. 1840, D. 50, 2, 32.

faite par le second paragraphe de l'art. 4 ; trois exemplaires doivent être déposés. Cette disposition a été ajoutée lors de la première délibération à la chambre des députés[1], sur la proposition de M. Fallières sous-secrétaire d'État à l'Intérieur.

Deux exemplaires suffisent absolument pour les imprimés ordinaires. L'un d'eux est destiné au ministère de l'instruction publique, l'autre à la bibliothèque nationale. Mais à l'égard des estampes, la bibliothèque nationale doit former deux collections, en raison de l'usure de ces documents communiqués journellement au public. Pour la musique, le troisième exemplaire est destiné aux archives du conservatoire national de musique.

20. — D'après le décret du 5 février 1810, le dépôt devait être fait au ministère de l'intérieur et, en outre, à la préfecture. La loi nouvelle a donné à ce sujet de bien plus grandes facilités aux imprimeurs. D'après le second paragraphe de l'art. 3, le dépôt est fait pour Paris au ministère de l'intérieur ; dans les chefs-lieux de département, à la préfecture ; pour les chefs-lieux d'arrondissement, à la sous-préfecture ; et enfin, à la mairie, pour les autres villes. Le ministère de l'intérieur est chargé de centraliser les exemplaires déposés qui sont ensuite, par ses soins, adressés à la bibliothèque nationale et au ministère de l'instruction publique.

21. — Quand doit être fait le dépôt ? — la loi le dit expressément, et son esprit l'indique d'ailleurs d'une façon très-nette ; c'est évidemment avant que l'imprimé ne soit rendu public, « au moment de la publication... » pour employer les termes de l'article 3. D'où il suit que toute la partie matérielle de l'impression, composition,

---

[1] *Journal Officiel* du 25 janv. 1881, p. 40.

tirage, etc., a lieu sans aucun contrôle de l'autorité, c'est seulement au moment de la mise en vente ou de la distribution qu'elle a connaissance de l'écrit par le dépôt.

Il faut évidemment considérer les exemplaires comme mis en vente dès qu'ils sont arrivés chez le libraire[1].

Le dépôt ne pourrait être reçu un jour férié[2].

Lorsque les imprimés sont brochés chez l'imprimeur, et expédiés directement de l'imprimerie à des abonnés ou à des marchands, ils doivent être considérés comme mis en vente dès qu'ils sont sortis de l'imprimerie.

III. — *Indication du nom et du domicile de l'imprimeur.*

22. — L'obligation imposée à l'imprimeur d'indiquer son nom et son domicile sur tous les imprimés qu'il produit est inspiré par deux motifs principaux : Permettre de constater ainsi les infractions qui pourraient être commises aux prescriptions relatives aux dépôts, dont nous parlerons plus loin, et faire prendre à l'imprimeur une certaine part dans la responsabilité de l'écrit, afin de le rendre plus scrupuleux dans le choix des œuvres qu'il aura à publier.

Toutes les lois sur la presse ont d'ailleurs édicté semblable mesure, et l'art. 2 de la loi du 29 juillet 1881 n'a fait que la reproduire, en adoucissant toutefois la sanction qui lui était donnée.

23. — Fidèle au principe que nous avons déjà signalé (n° 7 ;) le législateur de 1881 ne vise que l'imprimé « rendu public, » c'est-à-dire mis dans le commerce ou distribué ; d'où cette conséquence que les imprimés des-

---

[1] Cass. crim. 2 févr. 1824. Ch. réunies. 8 août 1828.
[2] Mezt, 31 août 1833.

tinés à un usage particulier ne doivent pas forcément
contenir l'indication du nom et du domicile de l'imprimeur ; c'est d'ailleurs ce qu'indique clairement l'art. 2
de la loi du 29 juillet en faisant une exception formelle pour les ouvrages dits de ville ou bilboquets.

Sous l'empire de la législation ancienne, cette question était controversée[1], et c'est précisément pour faire
cesser la controverse que, lors de la discussion de la
loi nouvelle, M. Logerotte a fait introduire cette exception en termes précis[2].

24. — En dehors des ouvrages de ville ou bilboquets,
l'obligation pour l'imprimeur d'indiquer, sur les imprimés sortis de ses presses, son nom et son domicile, est
générale et s'applique à tous les imprimés, même aux
ouvrages en langue étrangère, à la condition toutefois
qu'ils soient rendus publics en France ; s'ils étaient
publiés seulement à l'étranger, ils ne seraient pas soumis à cette formalité, à la différence de ce qui existait
sous l'ancienne législation[3], la loi nouvelle ne visant que
la publicité de l'imprimé.

Peu importe encore l'importance de l'ouvrage ; une
simple notice ne contenant que l'éloge d'une découverte
devrait porter l'indication du nom et du domicile de
l'imprimeur[4].

Il en serait de même d'un article nécrologique extrait
d'un journal et répandu dans le public sous la forme
d'une plaquette ou brochure[5] ; — d'une pétition, d'a-
bord imprimée dans un journal, puis publiée isolément

---

[1] Caen, 21 août 1826 ; — Cass. crim. 5 juillet 1845, D. 45, 1,
351.

[2] Journal Officiel du 15 février 1881, p. 237.

[3] Paris, 3 février 1825.

[4] Cass. crim. 16 août 1839.

[5] Aix, 22 nov. 1855, S. 56, 2, 85.

pour être remise aux membres des chambres législatives[1] ;

25. — Les circulaires commerciales et industrielles, les bulletins de vote, dispensés du dépôt par l'art. 3 de la loi du 29 juillet 1881, échappent-ils à l'obligation d'indiquer le nom et le domicile de l'imprimeur ?

Certainement non ; l'art. 2 a limité expressément et intentionnellement les exceptions, et il n'y a pas compris ces imprimés. Cette solution est conforme d'ailleurs à la jurisprudence antérieure[2], et la dispense de dépôt exprimée dans l'art. 3 ne saurait fatalement entraîner la dispense des indications prescrites par l'art. 2. Le dépôt n'offre que peu d'intérêt pour des imprimés tels que des circulaires commerciales ou des bulletins de vote ; il peut être au contraire fort utile, à un certain moment, de connaître le nom et le domicile de l'imprimeur qui les a produits.

26. — Les lithographies, photographies, etc., sontelles soumises à cette obligation ?—Déjà dans l'ancienne législation on n'hésitait pas à prendre le mot imprimé dans un sens général signifiant toute reproduction. Le législateur de 1881 s'en est formellement expliqué dans l'art. 4 de la loi: « Les dispositions qui précèdent, dit-il, sont applicables à tous les genres d'imprimés ou de reproductions destinés à être publiés. » Il n'est point douteux que les expressions : « Les dispositions qui précèdent, » ne s'appliquent à la déclaration du nom écrit dans l'art. 2, comme au dépôt prescrit par l'art. 3 ; les termes mêmes dont s'est servi le législateur l'indiquent suffisamment. La partie finale de l'art. 4, qui s'applique

---

[1] Cass. 28 nov. 1850, S. 51, 1, 456 ; — Cass. 24 janv. 1851, S. 51, 1, 556.

[2] Cass. 11 janvier 1856, S. 56, 1, 379 ; D. 56, 1, 92.

uniquement au dépôt, interdit d'ailleurs toute équivoque sur la portée du paragraphe premier de cet article.

27. — Le nom et la demeure de l'imprimeur doivent être indiqués ; une seule de ces deux mentions ne suffirait pas pour empêcher la contravention[1], quand bien même la demeure de l'imprimeur serait connue de tous[2]. Mais peu importe la place où est inscrite cette indication, elle pourrait même être insérée dans le corps de l'ouvrage[3].

Toutefois sa place naturelle est au commencement ou à la fin de l'imprimé. On peut même dire, par analogie avec les dispositions de l'art. 2 de la loi du 29 juillet 1881, que cette indication doit être mise « au bas de l'imprimé, » comme la signature du gérant au bas du journal.

28. La contravention n'existe que lorsqu'il est constaté que des exemplaires sont sortis de l'imprimerie et ont été livrés au public ou mis en vente chez un libraire. C'est du reste en ce sens que se prononçait la jurisprudence antérieure à la loi de 1881[4], mais aucun doute ne peut s'élever aujourd'hui en présence de l'art. 2 qui ne vise que « l'imprimé rendu public. »

Du reste, il faut bien remarquer que le législateur n'a pas accordé à la formalité prescrite par l'art. 2 une très-grande importance ; il a en effet considérablement réduit les peines qui lui servent de sanction, comme nous le verrons dans un chapitre suivant.

---

[1] V. Chassan. t. I, p. 441.
[2] Cass. crim., 14 juin 1833.
[3] Chassan. t. p. 445.
[4] Cass. crim., 9 nov. 1849. D. 49, 1, 304.

IV. — *Autres obligations imposées aux imprimeurs.*

29. — Lorsque les imprimeurs étaient soumis au régime du privilége, il y avait lieu de se demander s'ils étaient libres de refuser l'impression de l'ouvrage du journal, ou de l'écrit qu'on leur présentait. La jurisprudence se prononçait pour l'affirmative[1], et décidait même qu'ils n'avaient pas besoin de donner les motifs de leur refus ; il en serait, à plus forte raison, de même sous l'empire de la législation nouvelle qui a aboli le monopole[2].

Mais lorsqu'un imprimeur a fait une convention par laquelle il s'est engagé à imprimer un écrit ou un journal, peut-il refuser l'usage de ses presses? Est-il tellement lié par son engagement qu'il soit obligé d'imprimer, à ses risques et périls, tout ce qui lui sera présenté?

M. Chassan a posé la question , et l'a résolue en ces termes[3] : « L'engagement de l'imprimeur doit être renfermé dans les limites légales ; la convention d'imprimer un délit est nulle et ne peut produire aucun effet ; les tribunaux ne pourraient, sans méconnaître tous les principes en matière de contrats, ordonner à un imprimeur de remplir ses engagements à ses risques et périls ; il est donc évident qu'il peut se présenter des circonstances telles que l'imprimeur soit fondé dans son refus. Mais qui sera juge de la légitimité du refus? Ce ne peut être, sans doute, l'imprimeur, car ce serait lui laisser la faculté de se délier d'un contrat lorsqu'il lui deviendrait onéreux ; c'est donc forcément aux tribunaux qu'il appartient d'apprécier les motifs de son refus ; de là, nécessité pour eux d'examiner l'écrit, de le contrôler ; l'ap-

---

[1] Angers, 2 jauv. 51, D. 52, 5, 309.
[2] Poitiers, 30 déc. 1829. J. du Palais à sa date.
[3] Chassan. t. I, n° 699.

préciation du refus de l'imprimeur est dans le droit du juge du procès ; c'est pour lui une nécessité ; il en est d'une pareille convention comme de tout autre engagement, dont l'exécution serait de nature à constituer un délit ; en cas de refus, les tribunaux seraient juges des motifs de refus ; il n'en peut être différemment à l'égard de l'engagement de l'imprimeur. »

Nous nous associons entièrement à cette solution et avons peine à comprendre l'opinion contraire, autrefois sanctionnée par un jugement du tribunal de la Seine du 16 juillet 1836.

30. — Indépendamment des obligations générales concernant les imprimés de toute nature, l'imprimeur est encore responsable de l'inobservation des *prescriptions relatives au timbre* auquel sont assujettis un certain nombre d'écrits. D'après la jurisprudence il suffit [1] qu'un écrit soumis au timbre ait paru sans en être revêtu, pour que l'imprimeur soit passible des condamnations prononcées par la loi, alors même qu'il n'aurait pas concouru à l'usage qui a été fait de l'écrit non timbré. Tout imprimeur doit donc veiller avec le plus grand soin à ce qu'aucune publication, frappée d'un droit de timbre, ne soit publiée avant qu'il n'ait été satisfait à la loi.

Sous l'empire de la législation actuelle les journaux de toute nature sont dispensés du timbre ; mais il importe de rappeler que les affiches ou placards, autres que ceux d'actes émanés de l'autorité publique, les avis, annonces, prospectus en général, sont au contraire soumis à cette formalité.

Pour les affiches légales ou judiciaires, signées par un officier public, on doit employer le timbre de dimension, tel qu'il est prescrit par la loi du 13 brumaire an

---

[1] C. Cass. 22 janv. 1851 (Enregistrement c. Dagand) ; — T. de la Seine, 7 juillet 1853 (Danel).

VII. Sur les affiches particulières, on appose avant l'impression un timbre mobile spécial de façon à ce que le timbre soit oblitéré par le texte même de l'affiche. Le droit de timbre spécial du papier des affiches est déterminé par les lois du 18 juillet 1866 et 27 juillet 1870[1].

Les affiches en langue étrangère, apposées hors de France, peuvent n'être pas imprimées sur papier timbré, à la condition qu'il n'en sera fait aucun usage en France, et qu'elles contiendront, aux termes d'une décision ministérielle du 26 août 1861, à la suite du nom et de l'adresse de l'imprimeur, cette mention : « Affiche destinée à être employée à l'étranger. »

Sont affranchis du timbre par la loi du 23 juin 1857, les prospectus, avis, réclames qui sont destinés à être distribués à la main sur la voie publique. Il en est de même des catalogues de librairie et d'objets relatifs aux sciences et aux arts[2].

31. — Les imprimeurs sont commerçants et comme tels, soumis aux obligations générales imposées par les lois à cette classe de citoyens.

Tout d'abord au point de vue des lois fiscales il supportent l'*impôt des patentes*.

Ils en étaient exempts autrefois, alors qu'ils étaient « censés et réputés du corps et suppôts de l'Université de Paris, distingués et séparés des arts mécaniques[3], » mais aujourd'hui, ils sont comme les autres commerçants sous l'empire du régime de la liberté et doivent

---

[1] Par feuille de 12 décimètres 1/2 carrés et au-dessous.   0 fr. 05
Au-dessus de 12 décimètres 1/2 jusqu'à 25.   .   .   .   .   0 fr. 10
Au-dessus de 25 jusqu'à 50.   ·   .   .   .   .   0 fr. 15
Au delà de cette dernière dimension.   .   .   .   .   .   0 fr. 20

[2] Lois des 6 prairial an VII; — 25 mars 1817, art. 76; — 15 mai 1818, art. 83; — décret du 28 mars 1851, art. 1er. — Voir un jugement du tribunal de la Seine du 15 février 1854, D. 54, 3, 40.

[3] Ordonnance du 28 février 1723, art. 1er.

en conséquence acquitter comme eux les divers impôts.

Tous les imprimeurs ne sont pas cependant placés dans la même classe au point de vue de l'impôt de la patente. Aux termes de la loi du 15 juillet 1880, tandis que l'imprimeur en taille-douce pour objets « dits de ville, » et l'imprimeur sur porcelaine, faïence, verre, cristal, émail, etc, sont dans la septième classe, et acquittent un droit proportionnel au 50°, l'imprimeur-lithographe-éditeur est rangé dans la quatrième classe, le non-éditeur dans la sixième, et tous deux acquittent le droit proportionnel au 30°. Quant à l'imprimeur-typographe, il fait partie de la troisième classe et paie le droit proportionnel au 20° ; mais ce droit n'est que du 40° sur la valeur locative des locaux servant à l'exercice de la profession pour l'imprimeur-typographe employant des presses mécaniques.

82. — La qualité de commerçant a encore, d'après les principes généraux, une influence sur la *juridiction compétente* pour statuer dans les différends où les imprimeurs sont mêlés.

C'est au tribunal de commerce que l'on doit s'adresser pour réclamer l'exécution des obligations par eux contractées envers les auteurs ou éditeurs qui leur confient des ouvrages à imprimer, et ils ne peuvent, en l'absence d'une disposition spéciale, invoquer d'autres prescriptions que la prescription trentenaire pour repousser les actions dirigées contre eux.

De même encore, lorsque les imprimeurs actionnent un éditeur ou un libraire, c'est la juridiction commerciale qui seule est compétente pour connaître de leur réclamation.

Mais si les imprimeurs veulent attaquer les auteurs qui les ont chargés d'imprimer leurs ouvrages, ce n'est plus devant la juridiction commerciale, mais devant la juridiction civile qu'ils doivent porter leur demande ; et ils sont alors recevables à se prévaloir de la prescription d'un an établie par l'art. 2272 du code civil pour les fournitures faites par des marchands aux simples particuliers[1]. Les auteurs en effet ne sont point commerçants et restent sous l'empire du droit commun au point de vue de la compétence.

33. — Les dispositions du code civil en ce qui concerne les priviléges accordés à celui qui a conservé un objet ou en a augmenté la valeur s'appliquent aux imprimeurs avec certaines distinctions toutefois.

Dans aucun cas, les imprimeurs ne sont fondés à réclamer, pour le paiement de leurs salaires, un privilége sur les *clichés* pour opérer le tirage d'un ouvrage[2], ou sur le papier non imprimé qui reste entre leurs mains[3]; mais ils ont droit de revendiquer sur les feuilles imprimées le privilége accordé par l'art. 2102 du code civil, aux frais faits pour la conservation de la chose; ils ont en effet, non-seulement conservé, mais augmenté la valeur de ces feuilles par leur travail.

Un imprimeur ne peut prétendre que la *composition* qui a servi à faire un livre ou un journal lui appartient, en ce sens qu'il peut en disposer comme bon lui semble. L'imprimeur n'est propriétaire des caractères qu'autant qu'on les considère comme instruments de travail, comme matière; mais, dans la composition, il y a autre chose que des caractères; il y a agencement, combinaison, mise en œuvre, qui sont le produit d'un travail, qui constituent une matière différente, un produit spécial et nouveau: dès lors celui-là seul a droit à ce produit qui l'a fait faire et qui en a payé le prix[4].

---

[1] Cass. 19 janv. 1853, S. 53, 1, 432.

[2] Seine, 15 nov. 1836, *Gaz. des Tribunaux* du 16 nov.; — Seine, 7 janv. 1879, *Id.* du 30 janvier.

[3] Paris, 24 avril 1827; — *Contrà*, Lyon, 25 mars 1871, S. 71, 2, 145.

[4] Paris, 9 juillet 1839, *Gaz. des Tribunaux* du 10 juillet.

34. — Les *relations entre éditeurs et imprimeurs* ont donné lieu à un grand nombre de décisions judiciaires dont les principes généraux seulement doivent être indiqués [1].

L'obligation prise par un éditeur envers un imprimeur de ne pouvoir faire imprimer et réimprimer sur cliché certains ouvrages ailleurs que chez lui, ne doit pas être considérée comme perpétuelle et illimitée, et est par conséquent stable [2]. Pour assurer l'exécution d'une telle convention, les juges peuvent ordonner le dépôt des clichés dans un local déterminé dont l'éditeur et l'imprimeur auront chacun une clef. La convention ainsi formée constituant tout à la fois, à la charge de l'éditeur, une obligation de faire et une obligation de livrer, peut, en cas d'inexécution, être déclarée résolue sous condition de paiement de dommages-intérêts.

L'imprimeur ne peut faire servir à un nouvel ouvrage la composition qu'il a conservée pour un auteur ou les clichés que cet auteur lui a confiés ; s'il tire pour son compte, sur des planches ou clichés, à lui confiés, un certain nombre d'exemplaires, il se rend coupable de délit d'abus de confiance puni par l'art. 408 du code pénal [3].

Les imprimeurs ayant tout intérêt à conserver les clichés des éditeurs pour faciliter la réimpression des ouvrages, il est d'usage qu'ils les conservent à titre gracieux ; en conséquence, à moins de conventions contraires, un imprimeur ne saurait réclamer à un éditeur un prix pour la location du local dans lequel lesdits clichés sont conservés [4].

L'imprimeur qui rend à l'éditeur les clichés de l'ou-

---

[1] Paris, 19 déc. 1866, S. 67, 2, 180.

[2] Seine, 4 août 1857, 7. J. des Trib. de com. t. VI, 479 ; — Paris, 23 juin 1859, Id. t. VIII, 453.

[3] Cass. 30 déc. 1836, S. 37, 1, 344.

[4] Lyon, 25 mai, 1877, recueil de la cour, 1878, p. 5.

vrage n'est pas, d'après l'usage, tenu de lui rendre en même temps les plans ou matrices ; et les réparations à faire aux clichés altérés par chaque tirage sont toujours de plein droit à la charge de l'éditeur [1].

Le *bon à tirer* donné par l'auteur d'un ouvrage ne dispense pas l'imprimeur de relire l'épreuve et de corriger les fautes typographiques qui ont échappé aux premières corrections ; et si le grand nombre de fautes nécessitent, après le tirage de l'ouvrage, l'adjonction de cartons, les frais de ceux-ci doivent être supportés par l'imprimeur [2].

34. — Sous le régime du privilége, l'on décidait déjà [3], que l'imprimeur pouvait à son gré accorder ou refuser l'usage de ses presses, et qu'il n'était aucunement tenu d'imprimer les ouvrages ou les recueils périodiques qui lui étaient présentés ; sous le régime de la liberté de l'imprimerie, à plus forte raison, doit-il en être ainsi. Toutefois, s'il est loisible à un imprimeur de ne pas livrer à l'impression le manuscrit qui lui est présenté, son refus doit être notifié à l'auteur de façon à n'entraîner pour celui-ci aucun préjudice ; et, notamment, l'imprimeur, qui, après avoir accepté le bon à tirer donné par l'auteur, se refuserait à opérer le tirage, devrait être condamné à des dommages-intérêts [4]. Il a été jugé dans le même sens que, lorsqu'un auteur, en livrant ses manuscrits, a payé d'avance les frais d'impression à l'imprimeur, si celui-ci, après avoir mis l'ouvrage sous presse et en avoir fait corriger les épreuves, ne veut pas procéder au tirage dans la crainte

----

[1] Lyon. 25 mai 1877.

[2] Voir: Paris, 16 août 1860, S. 60, 2, 411.

[3] Voir: Poitiers, 30 déc. 1829; — Paris, 27 mai 1830 ; — Rouen, 1er avril 1830 ; — Dijon, 16 janv. 1839 S. 39, 2, 89 ; — Angers, 2 janv. 1851, D. 52, 5, 309.

[4] Voir: Seine, 5 août 1862, (J. des trib. de comm. t. XII, p. 167).

d'être poursuivi correctionnellement, l'auteur peut exiger la restitution de la somme par lui avancée[1].

V. — DES LIBRAIRES.

35. — Les libraires étaient autrefois, comme les imprimeurs, assujettis par l'art. 2 de la loi du 21 octobre 1814, au brevet et au serment ; mais la cour de cassation[2], en l'absence d'un texte, refusait toute sanction à cette disposition formelle de la loi. L'art. 24 du décret du 17 février 1852 vint combler cette lacune ; il s'exprime en ces termes : « Tout individu qui exerce le commerce de la librairie, sans avoir obtenu le brevet exigé par l'art. 2 de la loi du 21 octobre 1814, sera puni d'une peine d'un mois à deux ans de prison et d'une amende de 100 à 200 fr. L'établissement sera fermé. »

Le décret du 10 septembre 1870 affranchit le libraire de la formalité du brevet, mais l'art, 2 l'astreignait encore à la déclaration au ministère de l'intérieur.

Depuis la loi du 29 juillet 1881. cette déclaration n'est plus nécessaire et les libraires sont désormais des commerçants absolument libres. Au point de vue qui nous occupe, leur situation légale ne donne donc naissance qu'à un nombre très-restreint de questions.

36. — On peut se demander tout d'abord si l'art. 10 de la loi du 20 octobre 1814 subsiste aujourd'hui et si le libraire est encore responsable de la mise en vente d'un ouvrage sans nom d'imprimeur ; car, nous l'avons vu, la loi du 29 juillet 1881 conserve cette formalité.

La négative ne nous paraît pas douteuse. La loi de 1881 a eu pour effet général d'abroger toutes les dispo-

---

[1] Voir: Seine, 16 février 1830 (Gaz. des Trib. 18 fév.)

[2] Arrêts des 13 février et 7 nov. 1836, 7 nov. 1844 et 28 mars 1851.

sitions législatives antérieures pour lesquelles elle n'a pas fait une exception. Or elle n'impose aux libraires aucune obligation en ce qui concerne le nom et la demeure de l'imprimeur. Tout au contraire, les termes de la loi indiquent d'une façon nette et précise qu'elle n'a entendu édicter de responsabilité qu'à l'égard de l'imprimeur que seul elle désigne nominativement. Tout imprimé portera le nom de *l'imprimeur*, dit l'art. 2, « à peine contre celui-ci » d'amende ou de prison. Or, il est de principe que les dispositions pénales doivent être interprétées strictement et que les peines ne peuvent être appliquées par analogie. La solution de la question ne peut donc faire aucun doute

37. — Les obligations qui subsistent aujourd'hui à l'égard des libraires n'ont point leur source dans la nature même de la profession, comme en ce qui concerne les imprimeurs, mais bien dans la législation générale du commerce. Au nombre de ces obligations est celle qui consiste, conformément à une vieille ordonnance de 1780, à inscrire leurs ventes ou achats sur un livre de police, lorsqu'ils vendent ou achètent des *livres d'occasion* [1].

38. — Mais la responsabilité des libraires subsiste, sous la nouvelle législation comme sous l'ancienne, en cas de *vente d'imprimés délictueux*. Les art. 28, 42, 43 de la loi du 29 juillet 1881 ne sauraient laisser de doute à ce sujet.

Ces articles désignent nominativement comme responsables, non-seulement les libraires, mais les marchands d'estampes et de gravures et mêmes les simples distributeurs. Il est facile d'apercevoir qu'il n'y a là aucune restriction à la liberté de la librairie, mais bien des mesures générales de police intéressant au plus haut point la morale et la sécurité publique.

---

[1] Paris, 8 mars 1838, S. 38, 2, 271.

CHAPITRE II

DE LA PRESSE PÉRIODIQUE.

—

SECTION I. — FORMALITÉS NÉCESSAIRES POUR LA PUBLI-
CATION DES ÉCRITS PÉRIODIQUES.

—

I. — *Régime ancien de la presse périodique, cautionnement, autorisation.*

39. — Le législateur de toutes les époques a distingué la presse périodique des autres modes de publication : livres, brochures, etc. Ces derniers en effet s'adressent à un public restreint et spécial ; chacun d'eux, en général, n'est que le développement d'une seule et unique idée, presque toujours étrangère à la politique.

Les journaux, au contraire, s'adressent au public tout entier et d'une façon générale ; chaque jour, ils apportent un contingent d'idées nouvelles, leur substance se renouvelle à tout moment, presque tous enfin ont pour objet de discuter le gouvernement politique de la nation. Leur influence est donc bien plus grande, et en même temps bien plus soudaine et plus inattendue, que celle qui s'attache aux livres.

La nécessité d'une réglementation spéciale de la presse périodique résulte donc forcément de la nature même de cette institution. Mais cette réglementation doit être sage et modérée et le législateur doit bien se garder d'attenter à la liberté de la presse, sous peine de produire les plus vives réactions.

40. — C'est, en réalité, seulement en 1789 que l'ère des journaux s'est ouverte en France ; dès cette époque, des lois nombreuses sont venues subordonner la liberté de la presse au bon plaisir du gouvernement et entraver le développement des feuilles publiques.

Les mesures restrictives, mises en œuvre par le législateur, étaient de plusieurs sortes. En première ligne se plaçait l'autorisation du gouvernement et le cautionnement qui mettaient le journal à la merci absolue de l'autorité, car l'administrateur était libre de le supprimer par simple décision et sans aucun jugement.

La déclaration, la signature du gérant et le dépôt n'étaient en réalité que des mesures de précaution, faites pour assurer la bonne gestion du journal et pour déterminer la responsabilité des articles qui y sont insérés. Enfin, dans certains cas déterminés, il était défendu de rendre compte des séances législatives et judiciaires, et des insertions forcées pouvaient être ordonnées par l'administration.

Toute la première catégorie de restrictions a disparu aujourd'hui et la loi de 1881 n'a conservé que la déclaration, la signature et le dépôt. En ce qui concerne le fonctionnement même du journal, elle n'a pas maintenu les insertions forcées, mais seulement réglementé d'une façon spéciale le droit de réponse et d'insertion.

41. — La loi du 11 mai 1868 avait déjà aboli l'autorisation préalable, la loi de 1881 a fait disparaître le *cautionnement*. L'art. 5 en dispense tout journal ou écrit périodique. Le cautionnement, d'origine essentiellement arbitraire, était un non-sens dans un pays de suffrage universel comme la France ; « qui a le droit de voter, a dit M. Lisbonne, doit avoir la liberté d'écrire ainsi que la liberté de parler. »

En imposant le cautionnement aux journaux, la législation antérieure avait pour résultat d'en restreindre le nombre, et de ne placer leur influence, comme le disait M. Guizot, en 1819, « qu'entre les mains d'hommes qui donnent à la société quelques gages de leur existence sociale et lui puissent inspirer quelque confiance. »

Mais si l'on doit redouter l'influence du journalisme et la pression qu'il peut exercer sur l'opinion, ce n'est pas en diminuant le nombre des journaux que l'on peut parvenir à atténuer cette influence : « Moins les journaux sont nombreux, disait avec raison M. Jules Grévy, lors de la discussion de la loi du 27 juillet 1849, plus ils sont puissants et redoutables ; disséminez les forces de la presse, vous affaiblirez sa puissance ; donnez-lui la liberté, vous lui ôterez le pouvoir de nuire. » C'est sous l'influence de cette dernière pensée que l'art. 5 de la loi du 29 juillet 1881 a été rédigé.

42. — En supprimant le cautionnement par l'art. 5, le législateur de 1881 a réglé dans l'art. 67 de la loi du 29 juillet, le mode de remboursement de cautionnement versé sous l'ancienne législation. Le montant des cautionnements a dû être remboursé par le Trésor public, dans un délai de trois mois, à partir de la promulgation de la loi, c'est-à-dire à partir du 30 juillet 1881. Telle était la disposition écrite dans l'art. 67.

Mais cette disposition devait-elle s'entendre en ce sens que tous les cautionnements devaient être remboursés avant le 90e jour ou qu'ils commençaient à l'être après le 90e jour. — C'est cette opinion qui a été adoptée par le ministre des finances : « Les propriétaires ou gérants de journaux qui, en conformité de la loi du 29 juillet 1881, ont à retirer les cautionnements versés par eux au Trésor, a dit la circulaire ministérielle, devront produire le plus tôt possible, au ministère des finances (direction de la dette inscrite) les pièces ci-après : 1° Une demande de remboursement, faite sur papier timbré, indiquant le nom de la personne à laquelle les mandats de paiement devront être adressés ; — 2° Le certificat d'inscription du cautionnement ou, si ce titre n'a pas encore été délivré, le récépissé de versement : en cas de perte, une déclaration rédigée sur papier timbré et dûment légalisée. Les intéressés auront en outre à produire, « au comptable chargé d'effectuer le paiement, » un certificat de non-opposition, délivré par le greffier du tribunal dans le ressort duquel le journal est publié. Ce certificat « devra être postérieur au 29 octobre 1881 » c'est-à-dire être délivré trois mois après la promulgation de la loi, attendu que les droits des tiers, pouvant avoir à réclamer des dommages-intérêts du fait d'articles parus antérieurement à la loi actuelle, ne se prescrivent que par un laps de trois mois. Les mandats de paiement (capital et intérêts) seront, en conséquence, délivrés vers le 29 octobre aux propriétaires de journaux qui auront fourni, avant le 30 septembre prochain, leur demande et leur titre. »

Il faut remarquer d'ailleurs que le délai de trois mois accordé pour retirer les cautionnements était stipulé exclusivement dans l'intérêt des créanciers des journaux ayant des oppositions à former ; il en résulte que si les cautionnements non frappés d'oppositions pouvaient être retirés le 1ᵉʳ novembre 1881, les intéressés conservèrent le droit de les retirer postérieurement à cette date.

Quant aux cautionnements frappés d'opposition, le montant n'en a pu être versé par le Trésor public, entre les mains des réclamants, qu'après main-levée desdites oppositions, conformément au droit commun.

43. — Le *timbre*, qui frappait antérieurement les journaux, a été supprimé par un décret du 5 septembre 1870, puis remplacé, aux termes de l'art. 7 de la loi du 4 septembre 1871, par une surtaxe de vingt francs par cent kilos de papier employé à l'impression des journaux et autres publications assujetties au cautionnement.

L'art. 5 de la loi du 29 juillet 1881, ainsi que cela a été dit (n° 41), ayant affranchi les journaux du cautionnement, le papier employé à leur impression devait-il être frappé de la surtaxe établie par la loi du 4 septembre 1871 ?

Cette question, qui ne peut faire doute en droit, a été résolue par une circulaire de la direction des contributions indirectes, portant la date du 30 juillet 1881, elle s'exprime en ces termes . « Par voie de conséquence (suppression du cautionnement) la surtaxe de 20 fr. 80 par 100 kilogrammes dont était passible le papier employé à l'impression des journaux se trouve également abolie, puisqu'aux termes de l'article 7 de la loi du 4 septembre 1871, elle n'était applicable qu'aux feuilles assujetties au cautionnement. La régie doit donc cesser de percevoir le droit à partir du jour où la nouvelle loi sur la presse est devenue exécutoire. »

Le directeur général des douanes a, de son côté, adressé à ses agents, le 6 août 1881, une circulaire, dans laquelle il donne les instructions suivantes: « La loi du 29 juillet dernier (art. 5), ayant supprimé l'obligation du cautionnement, la taxe spéciale prévue par l'art. 7 de la loi du 4 septembre 1871 se trouve abrogée. Il y aura lieu de cesser de la percevoir sur les journaux et autres publications périodiques importés de l'étranger. »

II. — *De la gérance.*

44. — Tout journal ou écrit périodique[1] aura un gérant, dit l'art. 6 de la loi du 29 juillet 1881. La loi du

---

[1] Le fait d'adresser chaque semaine et plusieurs fois par semaine, sans publicité et dans un but de spéculation, à divers gérants de journaux de département, des écrits traitant de ma-

18 juillet 1828 prescrivait également la désignation d'un gérant, mais seulement pour les journaux ou écrits périodiques politiques ; la loi du 2 mai 1868 étendait cette prescription à tous les journaux ou écrits périodiques, politiques ou non, sans distinction. La même obligation générale existe avec la nouvelle législation, car on chercherait vainement dans la discussion de la loi du 29 juillet, la trace d'une distinction quelconque à ce sujet.

En imposant un gérant à toute publication périodique, le législateur de 1881 a eu surtout en vue de déterminer sur qui pesait la responsabilité du journal. Les articles publiés pouvaient n'être pas signés, les noms des directeurs, collaborateurs ou propriétaires du journal pouvaient n'être pas indiqués, il fallait créer un répondant auquel on pût s'adresser quand un délit aurait été commis ou lorsqu'un préjudice aurait été causé. Le répondant n'est autre que le gérant ; sa présence empêche les recherches de s'égarer, et prévient même parfois les mesures de rigueur que pourraient, à son défaut, nécessiter la découverte de la vérité.

Cette mesure ne porte d'ailleurs aucune atteinte à la liberté de la presse. Il est certain que l'on est habitué dans le journalisme à la présence d'un gérant et que la presse n'a vraiment pas d'intérêt à obtenir la suppression de cette institution dont le fonctionnement est simple et régulier. Toutefois, en théorie pure, il peut y avoir quelque inconvénient à déterminer ainsi d'avance la personne sur laquelle devra peser, en quelque sorte d'office, la responsabilité des délits commis ou des préjudices causés par le journal, et il est certain que les gérants demeureront toujours des hommes de paille, payés pour subir les mois de prison et endosser toutes

---

tières politiques, (ce qu'on appelle des *Correspondances*), ne peut équivaloir à la publication d'un journal ou écrit périodique, ces gérants étant libres de les reproduire, de les modifier ou de les mettre de côté. (Cass. ch. réunies, 27 juin 1865, de Saint-Chéron, S. 65, 1, 363).

les condamnations, que personnellement ils n'ont pas encourues[1]. Les vrais coupables, lorsqu'il y aura faute ne seront jamais punis ; c'est là certainement un fait regrettable qui blesse la morale et se concilie difficilement avec le sentiment de la responsabilité personnelle.

45. — Quelles sont les *qualités requises pour être gérant?* — La loi exige certaines conditions de nationalité, d'âge et de capacité civile. Il faut être français[2], majeur, avoir la jouissance, ou plus exactement l'exercice, de ses droits civils et n'être privé de ses droits civiques par aucune condamnation judiciaire.

Par dérogation à l'art. 1er de la loi du 24 mai 1868, la capacité civile est seule requise ; il ne saurait plus être question de la capacité politique. Il suit de là, ainsi que l'a reconnu M. Pelletan dans son rapport au Sénat, que les femmes ne sont pas exclues de la gérance d'un journal ; elles peuvent remplir en effet toutes les conditions imposées par l'art. 6 de la loi du 29 juillet 1881.

On s'est demandé si les membres des assemblées politiques pouvaient être gérants d'une feuille périodique. L'affirmative ne semble pas douteuse, en effet, aucune autre condition que celles spécifiées ci-dessus, dans l'art. 6, n'est exigée pour être gérant, contrairement à ce qui existait dans les lois des 27 juillet 1847 (art. 9) et 11 mai 1868 (art. 8.)

46. — La présence du gérant est constatée par sa *si-*

---

[1] Si tel est bien, dans la pratique, le rôle du gérant d'un journal, nous avons peine à comprendre la décision rendue par la cour d'Angers le 7 déc. 1847, (D. 47, 2. 215), et aux termes de laquelle un individu illettré, incapable de surveiller par lui-même la rédaction d'un journal, ne peut être gérant. Il suffit, selon nous, qu'il sache signer son nom.

[2] Un étranger ne peut, quand sa nationalité est reconnue, remplir les fonctions de gérant. (Douai, 17 janv. 1848, D. 48, 2, 164).

gnature, qui doit figurer en original sur les exemplaires déposés au parquet du tribunal d'arrondissement, ou à la mairie dans les villes où il n'existe pas de tribunal civil. Elle sert de complément au journal, elle répond de son contenu dont le gérant endosse la responsabilité, d'où la conséquence qu'elle ne peut valablement intervenir qu'après l'achèvement de la rédaction, quand le manuscrit du journal est livré à l'imprimeur ; elle ne saurait être donnée en blanc à l'avance.

Pour que la responsabilité du gérant soit bien établie vis-à-vis du public, sa signature doit être imprimée aux termes de l'art. 11 de la loi du 29 juillet 1881, au bas de tous les exemplaires du journal, c'est-à-dire au-dessous même des annonces dont le gérant est responsable[1].

III. — *De la déclaration préalable.*

47. — La déclaration préalable a pour but de faire connaître à l'autorité l'existence du journal, d'indiquer en même temps quelles sont les personnes responsables placées à sa tête et qui devront être poursuivies le cas échéant. •

Cette formalité ne porte donc en aucune façon atteinte à la liberté de la presse, c'est une simple mesure de précautions ; la manière dont le législateur de 1881 l'a organisée le démontre d'une façon péremptoire.

La déclaration est d'origine anglaise[2] ; elle a été introduite, dans notre législation, par la loi du 18 juillet 1828 et s'y est depuis constamment maintenue.

Dans l'ancienne législation, la déclaration ayant pour but de faciliter les suppressions de journaux et les poursuites administratives, était faite au ministère de

---

[1] Cass. 4 avr. 1851. Lefrançois, 7 février 1852. Marechal. (Bull. crim. à leurs dates).

[2] Statut de la 38ᵉ année du règne de Georges III.

l'intérieur. La loi de 1881, qui a soustrait la presse au régime administratif pour la mettre sous le contrôle de l'autorité judiciaire, a prescrit dans son article 7 que la déclaration serait faite au parquet du procureur de la République du lieu où se publie le journal[1].

La déclaration est rédigée sur papier timbré et signée du gérant; il en est donné récépissé.

48. — *A quel moment doit être faite la déclaration?* — La loi de 1868 disait que la déclaration devait intervenir quinze jours avant la publication; cette disposition a été supprimée par le législateur de 1881; il suffit que la déclaration soit faite avant la publication, sans aucune espèce de délai. On a voulu éviter ainsi que le parquet ne se constitue juge de cette déclaration et que, sous prétexte d'en examiner les conditions intrinsèques et la valeur, il ne retarde la publication du journal. C'est accuser très-formellement le caractère de simple formalité donné à

---

[1] M. de Jauzé, député, avait proposé (Séance du 24 janvier 1881) que la déclaration fût faite non au parquet, mais à la préfecture. Sa proposition a été repoussée sur les observations de M. Lelièvre, membre de la Commission, qui a déclaré ne pas admettre que « l'administration puisse, à un moment donné, profiter de cette déclaration préalable pour apporter des entraves à la publication d'un journal. »

La circulaire du ministre de l'Intérieur adressée aux préfets pour l'exécution de la loi du 29 juillet 1881, s'exprime ainsi : « Ce n'est plus à vous qu'il appartient de recevoir les déclarations; elles doivent être remises dorénavant au parquet du procureur de la République. Vous ne pourrez donc plus m'envoyer copie de ces documents comme par le passé ; pour y suppléer, je vous prie de me signaler avec la plus grande exactitude et la plus grande célérité, la création des nouveaux journaux qui se publieraient dans votre département, ainsi que les modifications qui seraient apportées aux journaux déjà existants. Ces faits vous seront suffisamment connus par le dépôt des journaux qui devra se faire régulièrement à votre préfecture, conformément à l'art. 10. »

la déclaration, sans aucun autre pouvoir pour l'autorité que de la recevoir et d'en donner récépissé.

Sous l'empire du décret de 1852 il y avait lieu de rechercher à quels écrits s'attachait la formalité de la déclaration, mais aujourd'hui, en présence des termes formels de l'art. 7, on peut dire qu'elle s'applique à « tout journal ou écrit périodique, » quelle que soit la nature des matières qui y sont traitées.

49. — *Que doit contenir la déclaration?* — L'art. 7 s'en explique formellement : 1° Le titre du journal ou écrit périodique et son mode de publication ; 2° le nom et la demeure du gérant ; 3° l'indication de l'imprimerie où il doit être imprimé.

En ce qui concerne le titre, aucune difficulté ne peut s'élever, il est bien évident que si le journal présente des sous-titres ils doivent aussi être indiqués.

Si la publication est périodique, il suffira d'indiquer la période adoptée ; mais si, au contraire, elle paraît irrégulièrement, faudra-t-il indiquer à l'avance les dates de publication ? Le contraire paraît évident, il suffira de mentionner dans la déclaration l'irrégularité de la publication.

Les autres indications prescrites par l'art. 7 ne semblent pas pouvoir donner lieu à aucune difficulté.

50. — Dans l'ancienne législation, la déclaration devait de plus contenir les noms et demeure des propriétaires ou commanditaires du journal et l'affirmation qu'ils réunissaient les conditions légales de capacité.

Ces dispositions se trouvaient encore dans le projet de loi soumis en 1881 au vote des deux Chambres. La chambre des députés en avait même conservé l'existence par un vote de première lecture [1]. Mais le

---

[1] J. Officiel des 25 janv. et 15 fév. 1881, p. 235.

sénat fit remarquer qu'elles n'avaient aucune portée avec le système admis dans la loi. La déclaration étant une simple formalité que le parquet ne peut contrôler, il eût été à craindre que le déclarant ne portât des noms de propriétaires apparents ; dans ce cas, le poursuivant se trouvait en présence d'une double difficulté, car il aurait eu à prouver non-seulement que la déclaration était fausse, mais encore à rechercher et à prouver quel était le vrai propriétaire. Aussi en seconde lecture ces dispositions ont été absolument, et avec raison, écartées de la loi.

51. — D'après l'art. 7, la déclaration s'applique à toute mutation dans les conditions ci-dessus énumérées, changement de titre, de mode de publication, de gérant, ou d'imprimeur. La déclaration doit alors être faite dans les cinq jours qui suivront le changement. Des expressions employées par la loi, il faut conclure que ce délai n'est pas franc et qu'il comprend dans les cinq jours celui de la mutation et celui de la déclaration.

L'expression *mutation* doit être prise dans un sens général, il suffit qu'un mot soit changé dans le titre pour qu'il y ait lieu à nouvelle déclaration ; de même, toute mutation dans les conditions de périodicité doit être déclarée, encore qu'elle ne consisterait que dans la suppression momentanée, pour cause de manque de fonds, de l'un des jours auxquels ce journal devrait paraître d'après la déclaration primitive [1].

De même que la déclaration préalable ne peut être verbale, mais écrite, sur papier timbré et signée du gérant, de même une mutation ne pourrait être déclarée par une autre voie ; il ne suffirait pas d'indiquer le changement projeté ou accompli dans un avis public en tête

---

[1] Cass. 25 juin 1851, D. 51, 1, 170.

du journal[1], avec la pensée que cet avis serait porté à la connaissance du parquet par la formalité du dépôt. Rien ne peut équivaloir à la déclaration expresse prescrite par la loi[2].

Le journal par lequel un gérant prétend en avoir remplacé un autre qu'il publiait précédemment, devrait être considéré comme la continuation de celui-ci et non comme un nouveau journal lorsqu'il a conservé le titre de l'ancien et la série des numéros et des années, bien que l'entreprise soit constituée sur de nouvelles bases financières[3].

IV. — *Du dépôt.*

52. — Les deux obligations qui viennent d'être examinées : gérant et déclaration préalable, sont antérieures à la création de tout journal ou écrit périodique. Le législateur a dû se préoccuper d'établir les moyens propres à en assurer l'exécution, c'est pour cela que des formalités particulières ont été imposées à la publication de chaque numéro d'un journal.

D'après la législation ancienne, tous les articles devaient être signés par leur auteur[4]; il était défendu de publier des articles signés par une personne privée de ses droits civils et politiques, ou à laquelle le séjour sur le territoire français était interdit[5]; Pour assurer l'exécution de ces prescriptions, le gérant était obligé de déposer, au moment de la publication de chaque numéro, quatre exemplaires signés de lui, deux à la préfecture et deux au parquet[6]; enfin, le nom du gérant devait être imprimé au bas de tous les exemplaires[7].

---

[1] Chambéry, 11 janv. 1873, D. 73, 3, 16 ; — Lyon, 30 mars 1874.

[2] Orléans, 19 nov. 1850, D. 55, 2, 200.

[3] Cass. ch. Réunis, 5 août 1851, D. 51, 1, 211.

[4] Loi du 16 juillet 1850, art. 3.

[5] Loi du 11 mai 1868, art. 9 et décret du 17 février 1852, art. 21.

[6] Loi du 6 juillet 1871, art. 6 et Loi du 11 mai 1868, art. 7.

[7] Loi du 18 juillet 1828, art. 8, § 3.

De ces quatre formalités, la loi nouvelle(art. 10) n'a conservé que les deux dernières.

L'impression du nom du gérant au bas de chaque exemplaire, (art. 11), n'est qu'une mesure d'ordre dont il a déjà été parlé. Il n'en est pas de même de la formalité du dépôt qui doit être particulièrement étudié.

53. — L'art. 10 règle d'une manière précise tout ce qui concerne le dépôt. Et d'abord, *où faut-il effectuer le dépôt?* — Il importe de remarquer que le dépôt prescrit par l'art. 10 ne se confond pas avec celui de l'art. 3 qui a un tout autre but : outre les deux exemplaires exigés de l'imprimeur, en vertu de l'art. 3, pour les collections nationales, le gérant doit effectuer le dépôt de deux exemplaires signés de lui, d'abord au parquet du procureur de la République, ou à la mairie dans les villes où il n'y a pas de tribunal de première instance ; un second dépôt de deux exemplaires doit être fait, toujours en conformité de l'art. 10, et en outre de celui qui est prescrit à l'art. 3, pour Paris et le département de la Seine, au ministère de l'intérieur; pour les autres départements à la préfecture, à la sous-préfecture ou à la mairie dans les villes qui ne sont ni chefs-lieux de département, ni chefs-lieux d'arrondissement.

Les deux exemplaires déposés au parquet permettront au procureur de la République de vérifier par lui-même si les conditions de publications imposées par la loi ont bien été remplies, et si l'écrit déposé en renferme rien de délictueux ; les deux exemplaires remis à la préfecture, à la sous-préfecture ou à la mairie, sont destinés exclusivement au service de l'administration intérieure ; l'un permettra, au préfet, comme le dit la circulaire du ministre de l'intérieur, de se renseigner sur l'opinion publique de son département ; l'autre devra être adressé immédiatement au ministre, car « plus la presse sera libre, plus il est indispensable que le gouvernement soit promptement avisé de ses manifestations. »

On remarquera que lorsque la publication a lieu dans une localité qui n'est ni chef-lieu de département, ni chef-lieu d'arrondissement, les quatre exemplaires de chaque numéro doivent être déposés à la mairie. Le maire devra donc adresser d'urgence deux exemplaires directement au parquet du procureur de la République, et les deux autres au sous-préfet qui les transmettra à son tour au préfet, par voie hiérarchique. Le maire ne conservera en conséquence aucun des exemplaires qui lui sont remis ; il n'est ici qu'un agent de transmission, n'ayant absolument rien à contrôler dans la publication ; cette mission lui a été confiée uniquement pour la commodité des publicistes.

54. — *A quel moment doit être effectué le dépôt ?* — Le dépôt au parquet doit précéder le premier acte de distribution [1], et c'est ainsi qu'on a pu décider que la remise des numéros d'un journal à une administration chargée de les transporter et de les distribuer, est une publication qui ne peut être faite qu'après le dépôt au parquet des deux premiers exemplaires tirés [2].

Cette solution, déjà adoptée sous l'empire de l'ancienne législation, a été formellement consacrée par la loi du 27 juillet 1881 ; l'art. 10 dit en effet que le dépôt aura lieu « au moment de la publication de chaque feuille. » C'est encore l'application de ce principe que nous avons plusieurs fois mis en lumière au sujet de l'imprimerie, que la loi vise seulement l'imprimé rendu public.

Du reste l'obligation du dépôt n'est imposée par la loi à personne nominativement ; il pourrait donc être fait aussi bien par l'imprimeur que par le gérant, mais en cas de contravention à cette prescription, le gérant seul serait pécuniairement responsable. C'est du reste un point qui sera ultérieurement étudié dans le chapitre relatif aux contraventions.

---

[1] Limoges, 24 juillet 1862, Gauthier, *J. Cr.* n° 7489.
[2] Cass. 29 janvier 1851, Lurcher, D. 51, 1, 429.

SECTION II. — DES ECTIFICATIONS.

55. — Les rectifications que peut provoquer un article de journal tiennent au droit de défense. Légitimes en principe, elles ne doivent pas toutefois devenir excessives, d'où la nécessité d'en réglementer l'exercice.

D'autre part, si la rectification est un droit naturel, aussi bien pour les gouvernements et les fonctionnaires que pour les particuliers, on comprend sans peine qu'à l'égard du gouvernement elle doive revêtir des formes tout à fait particulières.

I. — *Insertions qui peuvent être exigées par les dépositaires de l'autorité publique et contre les fonctionnaires.*

56. — L'attaque contre le gouvernement a une portée qui n'échappe à personne et qui nécessite, dans le droit de réponse, des formes particulières. Sous l'empire de l'ancienne législation, le gouvernement pouvait exercer son droit de réponse d'une façon absolue, sous forme de communiqué, que l'assertion à laquelle il avait à répondre fût erronnée ou non.

Il n'en est plus de même aujourd'hui ; aux termes de la loi de 1881, (art. 12), les insertions forcées ne pourront plus intervenir que de la part d'un agent au sujet des actes de sa fonction qui auront été inexactement rapportés par le journal ou écrit périodique.

La loi nouvelle renferme dans de plus justes limites l'exercice du droit de réponse, mais, comme le décret du 17 février 1852 (art. 17), elle confère ce droit aux dépositaires de l'autorité publique.

57. — Que faut-il entendre par cette expression : *dépositaires de l'autorité publique?* La loi de 1881, l'a empruntée au décret de 1852 qui lui-même avait été inspiré sur ce point par la loi de 1829. C'est donc dans cette dernière législation qu'il faut rechercher le sens périodique des mots « dépositaire de l'autorité publique. »

Au cours de la discussion des lois de 1819 et 1822, M. de Serre a déclaré que la loi avait entendu viser tous les *fonctionnaires* publics, dans l'acception légale du mot. Ce sont en définitive tous ceux qui, par délégation médiate ou immédiate du gouvernement, exercent, dans un intérêt public, une portion de son autorité.

Les travaux préparatoires de la loi du 29 juillet 1881 indiquent très-nettement que telle était bien encore la pensée du législateur à notre époque : « Je pense, a dit M. Allain-Targé [1], que la jurisprudence actuelle du gouvernement restera en vigueur, c'est à dire qu'aucun dépositaire de l'autorité publique ne pourra envoyer de communiqué aux journaux sans l'autorisation de ses supérieurs hiérarchiques et, au besoin, du ministre. » — « C'est une affaire d'administration » a répondu M. Lelièvre, membre de la Commission.

L'ancienne jurisprudence est donc encore applicable aujourd'hui à cette matière [2].

---

[1] Voir le Journal Officiel du 25 janvier 1881, p. 44.

[2] Doivent être considérés comme factionnaires, dépositaires de l'autorité publique, notamment : les préposés du trésorier colonial (Cass. 6 août 1852, D. 52, 5, 438); — les gardes établis par les cessionnaires d'un droit de péage pour assurer la perception de ce droit (Orléans, 12 mai 1845, D. 45, 2, 175); — Les préposés à la perception des contributions indirectes (Colmar, 27 janv. 1836); — Les percepteurs des contributions directes (Cass. 26 juillet 1821); — Les gardes champêtres (Cass. 9 sept. 1819); — Les appariteurs ou agents de police, lorsqu'ils exercent la surveillance qui leur a été confiée par l'autorité municipale (Cass. 9 mars 1833); etc., etc.

Un arrêt de la cour de cassation du 20 nov. 1879, (Voir dans *La France Judiciaire*, iv, 2, 245, les conclusions du procureur général Berthauld), a décidé que « *les maires*, devant être rangés dans la catégorie des dépositaires de l'autorité publique, ont le droit d'adresser aux journaux des communiqués contenant des répon-

58. — *Que faut-il entendre par rectification?* —
Cette expression semble devoir être prise dans son
acception la plus générale, mais bien entendu, c'est au
juge du fond qu'il appartiendra de décider si oui ou non
le fait avancé par le journal était erronné et par conséquent s'il y a lieu à rectification.

Néanmoins, ainsi qu'il a été déjà dit, c'est là une limite
considérable apportée par la loi nouvelle au droit de
l'administration, puisqu'elle pourra adresser un communiqué seulement pour rectifier un fait inexact. Il est
permis d'espérer que le ministère de l'intérieur n'auto-
risera le communiqué qu'au cas où réellement il sera
nécessaire ; s'il ne le faisait pas, le tribunal, saisi des poursuites contre le journaliste qui refuserait l'insertion, donnerait à l'administration un cruel avertissement en s'abs-
tenant de prononcer l'amende[1].

59. — Sous l'empire du décret de 1852, les insertions étaient gratuites, mais leur étendue n'était pas limitée.

Bien que la loi de 1881 n'ait pas reproduit la disposition du décret de 1852 relative à la gratuité, son silence
suffit pour permettre de décider que l'ancienne législation a été conservée sur ce point. Il faut donc décider
avec la jurisprudence antérieure à 1881 que les agents

ses et rectifications de leurs articles ; que ces communiqués
doivent être insérés tels qu'ils sont adressés aux journaux, et
qu'il n'appartient pas aux tribunaux d'en considérer comme
légitime tout ou partie, et par suite d'acquitter de la contravention le prévenu qui en aurait supprimé une partie ou se serait
refusé de l'insérer.

[1] C'est le 6 octobre 1881 que le droit de rectification, tel qu'il
est prescrit par l'art. 12 de la nouvelle loi sur la presse, a été
exercé. En réponse à quelques paragraphes d'un article publié
dans le *Figaro*, M. l'intendant Coulombeir, directeur des services
administratifs au ministère de la guerre, a adressé à ce journal
qui l'a insérée tout en protestant, une lettre de rectification
invoquant l'art. 12 de la loi du 29 juillet 1881.

de l'autorité ne doivent que les « déboursés » auxquels ont donné lieu les insertions [1].

Mais la loi de 1881, contrairement à ce qui existait auparavant, a fixé *l'étendue des communiqués* qui pourraient être adressés aux journaux ; aux termes de l'art. 12, ils ne doivent pas dépasser le double de l'article auquel ils répondront.

Cette disposition a été inspirée par les abus considérables que le communiqué produisait sous l'empire de la législation précédente. M. Lokroy s'exprimait ainsi à la chambre des députés. « Vous vous rappelez tous ce fait qui s'est produit sous l'Empire : un journaliste très-connu publiait une brochure de vingt-quatre pages ; sous prétexte de lui envoyer un communiqué, l'administration remplit vingt-deux pages de sa brochure. Il pourrait arriver que, s'armant de cet article, l'administration, un jour, remplit quatre-vingt-dix colonnes d'un journal, sous prétexte de lui répondre [2]. » M. Lokroy proposait en conséquence de fixer au triple de l'article l'étendue du communiqué qui devait lui répondre. Malgré la commission qui repoussait cet amendement, il fut néanmoins voté par la Chambre ; le sénat alla plus loin encore et restreignit la longueur du communiqué au double de l'article auquel il répondrait. C'est la disposition écrite dans la loi.

Par application de l'art. 12, il faut donc décider que le journaliste serait fondé à repousser toute communication excédant le droit de réponse. Les tribunaux ne pourraient le contraindre en prononçant contre lui les amendes édictées par la loi. La pensée du législateur ne saurait faire doute en présence des discussions qui viennent d'être rapportées.

---

[1] Paris, 16 mai 1850. D. 51, 5, 430.

[2] Journal Officiel du 15 février 1881. p. 238, et du 16 février, p. 257.

60. — La loi des 29 juillet 1881 est muette au sujet des *insertions de décisions judiciaires* qui peuvent être ordonnées par les tribunaux. C'est une question qu'il convient d'examiner [1].

Le gérant d'un journal peut-il être contraint d'insérer un jugement ou un arrêt auquel il n'a pas été partie? — Il a été jugé qu'un journaliste peut toujours se refuser à l'insertion d'un jugement rendu dans un intérêt privé lorsqu'il a été étranger dans la cause, encore bien que l'impression dans son journal ait été ordonnée par le tribunal et que la partie intéressée offre de payer le prix [2]. Toutefois un arrêt de cassation du 13 août 1880 (Voir *France judiciaire* V, 2, 1 et la note), a décidé que « le gérant d'un journal est tenu d'insérer un arrêt de justice auquel il est complétement étranger, lorsque cette insertion est requise par le procureur général, considéré comme dépositaire de l'autorité publique. »

Cette décision, qui soulève pour la presse une question de liberté, de propriété et même de dignité, nous paraît regrettable, et peut-être ne serait-elle plus rendue sous l'empire de la loi du 29 juillet 1881. Les tribunaux peuvent, il est vrai, aux termes de l'article 1036 du code de procédure civile, « ordonner l'impression et l'affiche de leurs jugements ; » mais un journal est une propriété privée, et ce serait y porter atteinte que de contraindre un gérant de journal à insérer une décision judiciaire à laquelle il est étranger. D'ailleurs, l'art. 1036 du code de procédure n'ordonne pas « l'insertion » dans un journal, mais simplement « l'impression » et « l'affiche » des jugements et arrêts.

---

[1] Voir sur cette question une étude de M. MARTIN DE NEUFVILLE, vice-président au tribunal d'Alençon: *De l'impression et de l'affiche du jugement en matière correctionnelle*, publiée dans la *France Judiciaire*. II, 1, 529.

[2] Cour de Paris, 16 nov. 1839, D. 40, 2, 38; — Cour de Douai, 9 août 1843, P. 44, 1, 144.

II. — *Des insertions qui peuvent être exigées par les particuliers.*

61. — Le droit de réponse des particuliers est consacré par l'article 13 de la loi qui reproduit, à peu de chose près, l'ancienne législation. Le législateur a seulement pris soin de fixer la place et le caractère de l'insertion et de déterminer d'après quel tarif elle serait payée au journal.

Les dispositions de l'art. 13 méritent cependant être étudiées en détail.

62. — *Etendue du droit de réponse.* — Aux termes de l'art. 13 « toute personne nommée ou désignée » dans le journal jouit du droit de réponse. Le journaliste n'a point à s'enquérir de l'intérêt ou du but de celui qui répond, le droit existe par cela seul que la personne a été désignée dans un article. Voici comment cette disposition était expliquée lors de la discussion sur la loi du 25 mars 1822 : « Le journaliste ne doit pas être juge de la réponse, en ce sens seulement qu'il ne peut juger de son utilité ou de sa nécessité, dans l'intérêt de son auteur. Aussi, que le particulier qui la présente ait tort ou raison de se trouver offensé, dès lors qu'il a été désigné, le journaliste doit insérer la réponse. Mais cette obligation ne peut entraîner celle de publier un article coupable ; et c'est ici qu'il redevient, par la nécessité des choses, juge non de l'opportunité de la réponse, mais de ce que la réponse peut contenir. S'il l'admet, il encourt toute la responsabilité qu'elle peut entraîner ; s'il la refuse et que l'auteur croit pouvoir se plaindre de ce refus, c'est au tribunaux qu'il appartient de prononcer, si le refus leur paraît motivé, ils déchargeront le journaliste de toute poursuite ; ils lui appliqueront au contraire l'amende et les dommages-intérêts, si

le refus leur paraît injuste et dénué de raisons suffisantes[1]. »

63. — Il est incontestable que ces principes sont restés absolument debout dans la loi de 1881[2], l'article du
projet qui est devenu l'art. 12 portait le mot « rectification » au lieu du mot « réponse, » ce qui diminuait singulièrement le droit des particuliers ; mais M. Cunéo
d'Ornano a fait justement observé, lors de la discussion
de la loi à la Chambre des députés, que « le mot rectification, semblait indiquer que la réponse dût se borner
au redressement d'un fait erronné. Mais il peut y avoir
dans un article, a-t-il dit, autre chose qu'une articulation de fait, il peut s'y trouver des réflexions, des con-
sidérations d'ordre purement moral qui touchent à
l'honneur de la personne nommée ou désignée. Ne faut-
il pas alors que cette personne ait droit, non-seulement
à une simple rectification de fait, mais à une réponse
plus générale ! C'est pour cela que le mot réponse de
l'ancienne législation me paraît meilleur et je demande
qu'il soit rétabli dans la loi nouvelle. »

L'amendement de M. Cunéo d'Ornano a été adopté et
a passé dans le texte de la loi[3].

---

[1] Discours de M. de Peyronnet, à la Chambre de Paris, séance
du 4 mars 1822, *Moniteur* du 13. — On consultera avec intérêt,
sur l'étendue du droit de réponse, une étude publiée dans la
France Judiciaire (II, 1, 295 et 318), par M. G. Vibert, substitut du
procureur général près la cour d'Orléans.

[2] Un arrêt de cassation du 18 nov. 1881, Genay c. Robert,
reproduit dans la *France Judiciaire* (VI, 2, 178), rappelle en effet
ces principes. « Le droit de réponse est général et absolu, dit
l'arrêt ; c'est à celui qui l'exerce qu'il appartient de régler
la forme et la teneur de sa réponse ; si quelques limites ont été
apportées par la jurisprudence à l'exercice de ce droit, c'est dans
le cas seulement où les termes de la réponse seraient contraires
à la loi ou aux bonnes mœurs, ou bien à l'honneur du journaliste, ou enfin à l'intérêt des tiers étrangers au débat. »

[3] Séance du 26 février 1881.

64. — Il faut donc décider d'après les travaux préparatoires que le droit de réponse, se rattachant au droit de la défense personnelle, doit être étendu plutôt que restreint par les tribunaux. Il suffit que l'on ait été l'objet d'un article de journal, même sous le rapport d'une simple critique littéraire [1], pour avoir le droit de faire insérer dans ce journal une réponse ; il n'est pas nécessaire que l'article ait été injurieux ou diffamatoire, ni même inexact [2].

Cependant encore faut-il que la personne nommée ait un intérêt à demander l'insertion ; c'est en effet un principe général, que sans intérêt il n'y a pas d'action, et rien n'y fait échec en cette matière ; mais les tribunaux doivent sur ce point se montrer très-larges et admettre l'intérêt le plus minime.

Le gérant ne peut de son propre mouvement refuser la réponse, si ce n'est dans le cas où elle renferme un crime ou un délit, ou bien encore une diffamation à l'égard du journaliste ou d'un tiers [3].

Si le journaliste, en insérant les réponse de la personne nommée ou désignée fait des observations sur cette réponse, la personne nommée ou désignée à nouveau aura encore le droit de répondre. La disposition

---

[1] Cassation, 29 nov. 1845, D. 46. 1.12. Mais l'auteur qui a donné son ouvrage à un journal pour compte-rendu, n'est pas admis à répondre, si la critique a été sérieuse et mesurée (Seine, 16 janv. 1847, D. 47, 4, 391).

[2] Le droit de réponse doit toutefois être exercé avec d'autant plus de discrétion, de mesure et de modération que celui qui l'exerce est un homme politique et un publiciste de profession (Cour de Paris, 10 déc. 1880, *France Judiciaire*, v, 2, 203).

Lorsque la réponse contient des appréciations trop vives et même blessantes pour des tiers même pris en masse et sans dénomination spéciale (dans l'espèce des électeurs), l'insertion peut en être valablement refusée (Cour de Paris, 10 déc. 1880, *France Judiciaire* v, 2, 203).

de l'art. 13 deviendrait en effet illusoire si le dernier mot restait au journaliste[1].

65. — *Quelles personnes peuvent exiger l'insertion?* — Toute personne nommée ou désignée, dit l'art. 13. Il semble bien qu'il s'agit là d'un droit essentiellement personnel, cependant les héritiers d'une personne nommée dans un journal auraient le droit de requérir l'insertion[2].

66. — Le droit de réponse est ouvert alors même que la personne n'est pas nommée dans l'article incriminé, il suffit qu'elle soit clairement *désignée* ; que les termes mêmes de l'article, par exemple, suffisent à faire reconnaître la personne attaquée.

On a contesté aux journalistes, vis-à-vis de leurs confrères, le droit de réponse ouvert aux particuliers.

Une distinction s'impose forcément : s'il s'agit dans l'article incriminé du journal lui-même, aucun droit de réponse est ouvert, le journaliste a son propre journal pour soutenir la polémique ; ouvrir le droit de réponse dans le journal adverse serait, dans beaucoup de cas, fournir à une feuille sans importance l'occasion de bénéficier de la publicité d'un journal plus considérable ; ce serait mettre enfin entre les mains du journaliste une arme dont il n'a pas besoin. Que si, au contraire, la question débattue est essentiellement personnnelle, atteint le journaliste, le gérant, comme elle l'aurait atteint s'il n'avait été qu'un simple particulier, l'art. 13 reçoit alors son application, le droit de réponse est ouvert[3].

67. La réponse déposée au bureau du journal, et la

---

[1] Cour de Riom, 14 janv. 1844, D. 47, 2, 220.

[2] Cour de Paris, 15 mars 1860, héritiers Rousseau et Mgr. Dupanloup. — Voir les conclusions du procureur général CHAIX D'EST-ANGE, *Discours et plaidoyers*, Paris, 1877, 3e vol. p. 457.

[3] Cour de Douai, 16 juin 1845, D. 48, 2, 11.

preuve de cette remise peut être faite par témoins. Peu importe d'ailleurs que la réponse ait été adressée au gérant ou à l'un des rédacteurs du journal. En résumé il suffit qu'elle soit parvenue d'une façon quelconque à la connaissance du personnel du journal.

68. — *Dans quels délais et comment doit se faire l'insertion?* — D'après l'art. 13, toutes les réponses doivent être insérées « dans les trois jours de leur réception ou dans le plus prochain numéro, s'il n'en était pas publié avant l'expiration des trois jours. » Cette disposition est empruntée à la législation de 1822 ; ses termes clairs et précis ne prêtent à aucune équivoque, l'insertion doit être faite dans les trois jours, d'où la conclusion que ce délai n'est pas franc.

Une question peut toutefois se soulever en ce qui concerne les publications non hebdomadaires. La réponse doit-elle être insérée dans le numéro qui paraîtra après l'expiration des trois jours, ou au contraire dans celui qui pourra être publié dans l'intervalle de ces trois jours? — Les expressions employées par le législateur permettent de décider que, dans tous les cas, il a voulu donner au journaliste un délai de trois jours, et que par conséquent la réponse devra dans ce cas être insérée dans le premier numéro qui paraîtra après l'expiration des trois jours[1].

69. — La réponse doit être insérée telle qu'elle est produite, le journaliste ne pourrait la réduire, ni y faire des coupures, sauf le cas déjà cité de crime, délit ou contravention ?

Sous l'empire de la législation ancienne, peu importait la place et les caractères dans lesquelles l'insertion

---

[1] Voir toutefois un arrêt de Cassation du 9 août 1878. *(Gazette des tribunaux* du 8 octobre).

était faite. Cependant la doctrine se refusait à admettre que la réponse pût valablement être insérée parmi les annonces.

L'art. 13 prescrit que l'insertion sera faite, « à la même place et en mêmes caractères que l'article qui l'aura provoqué. » M. Bozérian avait présenté à ce sujet un mandement ainsi conçu : « Cette insertion devra, si cette personne le demande, être faite à la même place. » « D'après le paragraphe 2, a dit M. Bozérian, si une personne a été nommée à la première page du journal, sa réponse devra donc nécessairement être insérée à la première page. Peu importe que, par suite de certaines circonstances, l'insertion soit difficile et impossible à cette page ; il faudra absolument que le journaliste trouve le moyen de trancher ces difficultés, de résoudre ces impossibilités : si l'insertion est faite à la seconde page, alors même qu'il n'en résulterait aucun préjudice appréciable pour l'auteur de la réponse, le journaliste commet une contravention ; il peut être poursuivi par le ministère public ! ce n'est pas tout. Si l'article a été imprimé en caractère huit, il faut que la réponse soit imprimé en caractère huit. Mais il se peut que la personne intéressée ne soit pas aussi exigeante que la loi, qu'elle ne tienne pas absolument à ce que sa réponse soit insérée à la même place et en mêmes caractères que l'article, le journaliste pourra cependant être poursuivi, et il devra être condamné. La modification proposée a précisément pour objet de prévenir la possibilité de ces infractions, quelquefois forcées, et de ces condamnations souvent inévitables. »

M. Laboulaye a répondu à M. Bozérian qui, en demandant que la réponse ait lieu à la même place, on avait voulu prévenir un inconvénient qui s'est souvent présenté dans le journalisme, on avait voulu mettre l'attaque et la réponse dans la même situation. « Il est arrivé souvent que lorsque le journal avait attaqué dans un grand article à la première page, il mettait la réponse à la troisième page dans· un endroit perdu. C'est pour ainsi dire dénaturer déjà la réponse : on a voulu établir l'égalité complète entre l'attaque et la défense. Vous attaquez dans tel endroit, on répondra au même endroit ; cela paraît être de la justice élémentaire ; on dit : ce sera peut-être des contraventions ! nous devons établir la franchise dans la presse ; vous avez le droit de l'attaque ; que la réponse ait les mêmes droits que l'attaque. »

Sur ces observations, M. Bozérian retira son amendement ; aucun doute ne peut donc rester aujourd'hui sur la portée de cette disposition[1].

69. — *Prix de l'insertion.* — Les insertions sont gratuites lorsque les réponses ne dépassent pas le double de l'article auquel il est répondu ; si elles le dépassent, le prix d'insertion sera dû pour le surplus seulement. Il sera calculé au taux des annonces judiciaires. Cette disposition est renouvelée de la loi du 9 sept. 1835, (art. 17), avec cette addition toutefois que le tarif adopté n'est pas le tarif des annonces du journal, mais bien celui des annonces judiciaires ; on a voulu de la sorte éviter toute espèce de difficulté pour le paiement.

On s'est demandé si le journaliste pouvait exiger à l'avance le prix de l'insertion. La doctrine n'a pas hésité à se prononcer pour l'affirmative[2]. Il ne serait pas juste en effet d'exposer le journaliste à un refus après l'insertion, refus que l'insolvabilité de l'auteur de la réponse pourrait parfois rendre insurmontable. La jurisprudence s'est au contraire prononcée contre le payement préalable.

71. — Le calcul des lignes qui doivent être insérées

---

[1] De Grattier, t. I, p. 352, et Chassan, t. I, n° 943.
[2] Discussion de la loi au Sénat, séance du 9 juillet 1881.

gratuitement lors de l'exercice du droit de réponse, a donné lieu à de récentes décisions qu'il faut noter ici. Un jugement du tribunal de la Seine (1ᵉ ch.), du 18 décembre 1880 (Voir *France judiciaire*, V, 2, 201), a d'abord décidé que « pour le calcul des lignes, il faut se reporter aux termes de la mise en demeure, soit qu'il s'agisse de déterminer le ou les articles auxquels il a été répondu, soit pour déterminer ce qui devait être inséré en vertu de la réquisition. »

Un autre jugement du même tribunal, portant la date du 4 décembre 1877 (Voir *France judiciaire*, V, 2, 202 et la note), a décidé que « les appréciations qui étaient l'œuvre de la rédaction du journal pouvaient seules être prises en considération pour calculer la longueur du droit de réponse dans ce même journal, et que, notamment, il ne pouvait être tenu compte de l'insertion, jointe à ces appréciations, d'une lettre émanée de celui qui veut exercer le droit de réponse. »

72.[1] — On a pu remarquer que la personne nommée ou désignée pouvait toujours exiger des journalistes l'insertion d'une réponse dans les limites et les termes de la loi que nous venons de rappeler. En cas de refus d'insertion, c'est par une mise en demeure, signifiée par ministère d'huissier, que le particulier parviendra, le plus souvent, à vaincre la résistance du journaliste. S'il n'est pas satisfait à la mise en demeure, une assignation devant le tribunal en doit être la conséquence immédiate, et le tribunal saisi doit, s'il ordonne l'insertion de la réponse, prononcer dans son jugement un moyen de contrainte, car il ne peut laisser au journaliste l'alternative ou d'insérer la réponse ou de refuser l'insertion en payant une somme fixe à titre de dommages-intérêts[1]. Mais le tribunal ne pourrait ordonner

---

[1] Dans ce sens, voir dans la *France Judiciaire* (iii, 2, 561), un arrêt de la cour de Paris du 20 mars 1879.

l'exécution provisoire de son jugement même pour cause d'urgence [1] ; l'auteur de la réponse aurait seulement le droit de réclamer des dommages-intérêts si sa réponse, insérée trop tard par suite de la résistance du journaliste, n'avait pu produire effet.

73. — Le droit de réponse n'enlève pas aux intéressés la faculté d'actionner le journaliste devant les tribunaux en cas de diffamation. Ces deux droits ont en effet une origine et un but tout à fait distincts.

Le droit de réponse a été consacré par la loi pour rétablir autant que possible l'équilibre entre le journaliste qui a à sa disposition une feuille publique et le particulier qui, lui, ne peut faire entendre sa voix à tous. L'action en diffamation a un objet plus complet, elle tend d'abord à punir un écrit coupable, puis à donner à l'intéressé une réparation aussi complète que possible du préjudice qui lui a été causé.

Aussi la doctrine et la jurisprudence sont-elles unanimes pour reconnaître au particulier diffamé la faculté d'actionner le journaliste en diffamation, après qu'il a déjà usé du droit de réponse [2].

SECTION III. — DES JOURNAUX ET ÉCRITS PÉRIODIQUES ÉTRANGERS.

74. — La presse étrangère est appelée à rendre très-certainement des services considérables, mais elle peut aussi devenir à certains moments dangereuse ; sans compter les doctrines contraires aux mœurs ou au régime politique du pays que les étrangers ont le droit de sou-

---

[1] Paris, 16 mai 1850. D. 51, 5, 430 ; — Metz. 23 mai 1850. D. 50, 2, 55.

[2] Voir CHASSAN, t. I, p. 452. — DE GRATTIER, t. II, p. 100 et suiv. — Cassation, 15 février 1831.

tenir dans leurs feuilles publiques, il peut aussi arriver bien souvent que les journaux étrangers servent d'instrument à des publicistes français, et leur permettent de publier des doctrines interdites en France.

Si les journaux étrangers pénétraient, sans contrôle, au delà de notre frontière, les précautions prises par le législateur français contre les abus de la presse seraient un vain mot, on pourrait très facilement écrire à Paris des articles que l'on publierait à l'étranger, pour les répandre ensuite en France sans aucun contrôle.

Aussi à toutes les époques on a réglementé l'entrée en France des journaux étrangers.

75. — L'art. 2 du décret de 1852 soumettait les « journaux politiques ou d'économie sociale publiés à l'étranger » à la nécessité d'une autorisation du gouvernement pour pénétrer en France.

La loi nouvelle est plus sévère ; elle vise non seulement les journaux politiques, mais encore tous les écrits périodiques publiés à l'étranger. Peu importe donc la nature de l'écrit, il suffit qu'il reparaisse à des périodes déterminées [1].

Mais quant au mode de contrôle adopté, le législateur de 1881 s'est montré plus facile ; il a remplacé l'autorisation par la faculté d'interdiction. Les journaux étrangers n'ont plus à solliciter leur entrée en France, mais le gouvernement peut les arrêter à la frontière soit d'une façon permanente, en interdisant complétement le journal, soit au contraire temporairement, en prohibant quelques numéros seulement.

L'exercice de ces deux pouvoirs répondant à deux besoins d'inégale importance, est aussi entouré de garanties différentes.

---

[1] M. Naquet avait proposé de restreindre le droit d'interdiction aux écrits contraires aux mœurs ; mais son amendement a été repoussé.

76. — Dans le premier cas, aux termes de l'art. 14 § 1, la mesure est prise par une décision spéciale délibérée en conseil des ministres.

C'est là une garantie considérable donnée à la presse étrangère.Pour interdire complètement un journal étranger en France, il faudra l'avis conforme de tous les ministres.

Lors de la première délibération à la chambre des députés, M. Georges Périn demanda le rejet de l'art. 14, qui conférait le pouvoir d'interdiction au ministre de l'intérieur.«Sans doute,dit-il, le ministre donne ou refuse aux journaux étrangers l'autorisation de circuler sous sa responsabilité, mais la responsabilité de M. le ministre sera une responsabilité dérisoire ; la situation faite à la presse étrangère restera ce qu'elle est aujourd'hui. M. le ministre sera toujours libre d'interdire ou de permettre, suivant son bon plaisir, l'entrée en France des journaux étrangers. Or, la presse étrangère peut rendre de grands services et elle les rend souvent. »

C'est en seconde lecture seulement que M. Goblet proposa d'ajouter que la décision d'interdiction serait prise en conseil des ministres, aussi bien quand il s'agirait d'arrêter définitivement un journal que de supprimer seulement quelques numéros.

77. — Ce système présentait évidemment une lacune, car l'interdiction doit parfois intervenir très rapidement sous peine de manquer son effet, or comment obtenir un résultat rapide s'il faut attendre la délibération du conseil des ministres.

Le sénat a répondu à cette objection en proposant un mode spécial d'interdiction pour les numéros isolés. Ce système a été consacré par la loi:«La circulation d'un numéro, dit le 2ᵉ § de l'art. 14, peut être interdite par une décision du ministre de l'intérieur. » Une réunion solennelle du conseil des ministres, pour arrêter à la frontière un journal, a le double inconvénient d'attacher trop d'importance à une feuille volante qui ne peut être qu'une ordure ou une infamie, et ensuite de la laisser circuler librement en attendant que le conseil des **ministres** ait eu le temps de délibérer[1].

78. — Le ministre de l'intérieur, qui ne peut arrêter la circulation de plusieurs numéros pendant un temps déterminé, pourrait-il obtenir indirectement le même résultat en interdisant chaque numéro par un arrêté spécial pris au moment de la publication ?

La négative ne peut faire aucun doute. Il est de principe en effet que l'autorité administrative, quelle qu'elle soit, ne peut ni se servir de ses pouvoirs dans un but autre que celui pour lequel le législateur les lui a confiés, ni empiéter sur les pouvoirs attribués à une autre autorité administrative ; l'acte intervenant dans ces deux cas est entaché d'excès de pouvoir, il doit être annulé conformément à la jurisprudence constante du conseil d'Etat.

Or le ministre qui prendrait ainsi une suite d'arrêtés de suspensions commettrait ce double excès de pouvoirs : il se substituerait au conseil des ministres, il userait de ses pouvoirs pour arriver à une interdiction, alors que la loi les lui a confiés uniquement pour arrêter quelques numéros. L'arrêté du ministre statuant dans ces conditions pourrait donc être très certainement déféré au conseil d'Etat pour excès de pouvoir, et son annulation ne saurait être douteuse.

79. — La loi établit une peine contre quiconque a mis en vente un journal interdit. Cette disposition sera étudiée au chapitre des contraventions.

---

[1] **Rapport de M. Pelletan au Sénat.**

80. — La propriété d'un titre de journal constitue un droit auquel il ne peut être porté atteinte ni directement ni indirectement.

La nature de ce droit a donné lieu à des discussions, mais il est aujourd'hui admis qu'il ne tient pas de la propriété littéraire, mais bien plutôt de la propriété industrielle. C'est un droit analogue à celui d'une maison de commerce sur sa raison sociale.

81. — On s'est demandé à quel moment et par quelles formalités cette propriété était acquise.

Il est reconnu d'une façon générale que la déclaration au parquet ne peut, à elle seule, donner la propriété d'un titre de journal, il n'y a pas là une manifestation suffisante de volonté[1].

Mais en est-il de même si cette déclaration est suivie de publication ?

La négative ne saurait faire doute, car par la publication on s'est approprié le titre du journal.

La cour de cassation a même décidé que le droit de propriété en question peut être attribué à celui qui a manifesté son intention de publier une feuille périodique sous ce titre, et qui a porté cette intention à la connaissance du public par sa déclaration et des annonces avant toute manifestation contraire[2].

Mais la portée de cette décision est singulièrement diminué par cette circonstance que la cour de cassation au lieu de motiver sa décision en droit, s'est au contraire inspirée de motifs de fait particuliers à l'espèce.

---

[1] Voir notamment un jugement du tribunal de commerce de la Seine du 28 décembre 1868. D. 69-3-7.

[2] Paris, 28 juin 1847 ; — Trib. de c. de la Seine, 14 av. 1869 ; — Trib. de la Seine. 20 avril 1864 ; — Cour de Paris. 6 fév. 1865.

Il faut donc décider que la déclaration et les annonces ne suffisent pas pour constituer la propriété du titre, il faut de plus la publication.

82. — Le titre d'un journal est la propriété exclusive de celui qui en a fait usage le premier ou qui en a la possession légitime, et le fait de l'appliquer à une autre publication, si même on la différenciait par une qualification accessoire, telle que « nouveau » ou autre terme analogue, constitue une usurpation de propriété et un acte de concurrence déloyale[1]. Il n'est pas nécessaire, pour justifier la demande du chef de concurrence, d'établir que cette concurrence est de mauvaise foi ; il suffit qu'elle existe et que la confusion soit possible entre les deux journaux.

Cette possibilité de confusion résulte suffisamment de ce que la forme des deux journaux est la même et de ce qu'ils sont tous deux littéraires, rédigés dans le même esprit et destinés au même monde. Peu importe d'ailleurs que l'un soit publié dans une ville, l'autre dans une autre, puisque le journal est partout et vendu partout.

Peu importe encore que l'ancien soit un journal politique et quotidien, alors que le nouveau n'est qu'un journal littéraire et hebdomadaire, cette différence de périodicité ne pouvant empêcher la confusion au moment de la vente, et le nouveau journal pouvant toujours devenir politique et quotidien.

Mais il en serait autrement si le titre « Figaro » était suivi du nom d'un département par exemple « Le Figaro Algérien »[2].

83. — Le titre de journal, alors même qu'il a été em-

---

[1] Cass. 13 juillet 1880. *France judiciaire*, IVe année.

[2] Trib. de commerce de Nice, 3 mars, 1880. Le *Figaro* contre le *Nouveau Figaro*. Annales, 1880, p. 175.

prunté au domaine public, devient une propriété au profit de ceux qui exploitent ce journal et l'on ne saurait, sans porter atteinte à cette propriété, l'appliquer à une autre publication, même si on la modifie par une qualification accessoire telle que « *petit, grand* » ou autre analogue[1] comme « *du soir*[2] ».

On ne saurait invoquer comme suffisant, pour empêcher toute confusion, la différence qui résulterait de l'emploi d'un sous-titre, qui étant secondaire, imprimé en plus petits caractères et sur la seconde ligne, n'empêche l'attention de l'acheteur de se porter exclusivement sur le titre principal, qui seul sollicite à l'acquisition du journal[3].

Le même principe s'applique si la différence entre les deux titres est telle qu'on puisse facilement les confondre. Par exemple : Le journal qui prend le titre « journal la Vienne » porte atteinte au droit de propriété du journal qui antérieurement s'intitulait : « journal de la Vienne[4].

84. — Il faut cependant excepter le cas où le titre, tout en contenant le nom d'une localité, telle que celui d'une ville ou d'un département se différencie par un mot caractéristique. Ainsi, il a été jugé que le propriétaire du *Moniteur du Puy-de-Dôme* ne pouvait s'opposer à la publication d'un nouveau journal sous le titre de *Journal du Puy-de-Dôme*, encore bien qu'il justifierait que, dans quelques circonstances, il avait été désigné sous le nom

---

[1] Trib. de commerce d'Alger. 20 juin 81. Magnard et Cie c. Lavague. *France judiciaire* VI, 2, 358. — Trib. de commerce de la Seine, 7 juin 1876. Le *Figaro* c. le *Petit Figaro*. Annales, 1878, p. 269.

[2] C. de Paris, 20 juillet 1880. Le *Petit journal* c. le *Petit journal du soir*. Annales, 1880, p. 305.

[3] Trib. de commerce de Lyon, 25 mai 1871, le *Petit journal*, c. le *Petit journal de la Somme*. Annales, 1871-72, p. 101.

[4] C. de Poitiers. 18 décembre 1873. Le journal de la Vienne et le journal *La Vienne*. Annales, 1874, p. 134.

de *Journal du Puy-de-Dôme* ; et alors surtout qu'il n'y a de la part du fondateur du nouveau journal, aucune pensée de concurrence déloyale, et qu'il a évité toute confusion entre les deux feuilles par la disposition, les caractères et l'impression de son titre et du journal lui-même [1].

Toutefois il faut reconnaître que la question de bonne foi a la plus grande importance en cette matière et que le pouvoir d'appréciation du juge est très-étendu [2], chaque fois que le titre du journal est en quelque sorte dans le domaine public et à la disposition de tout le monde.

85. — Au contraire s'il s'agit d'un titre spécial, parfaitement défini, la confusion devient beaucoup plus facile et les tribunaux se montrent justement plus sévères.

Lorsqu'un titre est complexe tel que celui *de Moniteur universel*, l'éditeur d'un nouveau journal traitant des mêmes matières ne saurait s'approprier la partie principale de ce titre, même s'il y ajoutait une qualification différente et distinctive telle que celle de *Moniteur officiel*, si l'usage a prévalu de désigner le premier par les mots « Le moniteur », et si, par suite, une confusion peut s'établir facilement entre les deux publications [3].

Le propriétaire d'un journal qui paraît sous un titre unique tel que celui de « La Presse » a le droit de s'opposer à ce qu'un autre journal de même nature emploie ce titre, alors même qu'il y ajouterait une qualification distinctive telle que *La presse libre* [4].

---

[1] Cour de Riom, 27 août 1874, Mont-Louis c. Michel. **Annales** 1874. p. 347.

[2] Trib. du commerce du Hâvre, 14 nov. 1868, journal *le Hâvre* c. *journal du Hâvre*. Annales, 1869. Cette décision est contraire à celle de la cour de Poitiers indiquée ci-dessus.

[3] Trib. de comm. de la Seine. 28 décembre 1868. Panckouke et Wittersheim. Annales 1869, p. 5.

[4] Trib. civ. de la Seine. 31 mars 1869. Halbronn et Malespine. Annales 1869, p. 142.

Lorsqu'il existe un journal ayant pour titre « *Le voya-
geur de commerce* », il y a usurpation donnant ouverture
à une action en suppression et dommages-intérêts, dans
le fait d'adopter le titre de « Journal des voyageurs de
commerce[1]. »

86. — Le titre originaire sous lequel un journal a été
longtemps connu et sous lequel il est encore habituellement désigné est sa propriété exclusive, bien que par
une fusion avec d'autres feuilles, ce titre soit réuni et
confondu avec d'autres désignations, La question a été
tranchée en ces termes par la cour de Paris[2] : « Considé-
rant que la feuille d'annonces publiée par Lambert sous
le titre de *Journal général d'affiches. Petites affiches et
journal judiciaire réunis*, n'était que la suite et la continuation d'une ancienne feuille publiée sous le titre de
Petites affiches, que cette dernière dénomination, très-
connue et très-répandue, a été conservée avec soin et
qu'il ne peut appartenir à personne de prendre ce même
titre, d'une manière telle que la confusion puisse s'établir avec la feuille qui est en possession ; considérant-
que Lagrange et Cerf, fermiers d'assurances du journal
La Liberté, ont réuni à part dans une partie du journal
les avis, annonces et renseignements divers, analogues
à ceux que publie la feuille de Lambert, et lui donnent
pour titre : *Petites affiches de la Liberté ;* que si cette
réunion et cette publication des annonces de ce genre
est évidemment dans leur droit, il ne peut pas leur être
permis de désigner toute cette catégorie d'annonces sous
le même titre que celui de la feuille de Lambert, qui,
toute spéciale à ce genre d'annonces, en a conquis la

---

[1] Trib. de com. de la Seine. 4 août 81. Castex c. Menu. *France
judiciaire*. VI, 2, 359.

[2] C. de Paris (2e ch.) 2 juin 1866, Lambert c. de Girardin et
Lagrange et Cerf. Annales, 1869, p. 223.

propriété ; que la confusion est patente, que la feuille de Lambert trouve son bénéfice, non comme les journaux politiques et littéraires, dans le produit des abonnements, mais dans le produit des annonces ou avis apportés par ceux qui ont besoin de recourir à la publicité ; que celui qui est dans ce cas et qui a l'intention de faire publier un avis dans les journaux très-anciennement connus sous le nom de *Petites affiches*, peut facilement s'adresser au journal *la Liberté*, qui prend le même titre pour ses annonces, en croyant s'adresser à l'ancien journal des *Petites affiches* ; que les défendeurs prétendent en vain qu'ils auraient obvié à tout danger de confusion en ajoutant aux mots *Petites affiches* ceux de *la Liberté* ; qu'il est évident que l'addition de ces mots tout secondaires ne peut empêcher l'esprit du lecteur de se porter particulièrement et pour ainsi dire exclusivement sur le titre principal *Petites affiches*, etc. »

87. — La jurisprudence est allée plus loin encore dans ce sens et un jugement du tribunal de commerce de la Seine[1] a décidé que le propriétaire des *Petites affiches* était bien fondé à réclamer contre le titre des *Petites affiches diurnes et nocturnes* qu'avait pris le directeur de la société fondée pour l'exploitation de l'affichage dans les kiosques lumineux des boulevards. Le directeur de cette société avait d'ailleurs consenti à substituer de lui-même au titre primitif celui de *Petit affichage diurne, nocturne et quotidien.*

88. — Mais lorsqu'un journal a cessé de paraître en se fusionnant dans un autre, rien ne met obstacle à ce qu'un nouveau journal prenne le titre principal de celui qui a cessé de paraître.

---

[1] Trib. de la Seine, 13 sept. 1862, Guillebout et Peytriguet. Annales, 1862, p. 403.

9*

Cependant la propriété de ce titre ne tombe pas absolument dans le domaine public. La jurisprudence décide qu'on ne saurait le prendre tel qu'il est sans ajouter un sous-titre qui empêche toute confusion [1].

D'après un usage généralement admis dans le journalisme et consacré par un jugement du tribunal de commerce de la Seine en date du 1er sept. 1874, la propriété d'un titre de journal se perdrait après un an de non publication.

Rien, dans la législation, ne justifie cet usage, et c'est aux tribunaux qu'il appartient de décider, d'après les circonstances de fait, la solution à donner à la question [2].

89. — On ne doit considérer comme susceptible de propriété que le titre écrit en tête du journal, et sous lequel il est connu, et non des désignations accessoires, mises en sous-titre, et destinées à indiquer sa ligne politique, ou les circonscriptions pour lesquelles il est particulièrement créé. C'est ainsi que le propriétaire d'un journal portant pour titre *le Granvillais*, et en sous-titre *Courrier d'Avranches, de Coutances et de la Côte*, ne peut s'opposer à ce qu'un autre journal prenne le nom de *Courrier d'Avranches* [3].

90. — Les contestations relatives à la propriété d'un titre de journal, ou au préjudice devant résulter de l'emploi d'un titre qui pourrait entraîner une confusion entre deux publications, sont de la compétence des tri-

---

[1] Trib. civ. de la Seine, 20 août 1862, l'*Union* c. *la France*. Annales, 1862, p. 405.

[2] C. de Paris (4° ch.) 4 août 1881, *France judiciaire*. VI, 2, 183.

[3] C. de Caen, 15 janvier 1878. Cagnaut c. Durand. Annales, 1878, p. 143.

bunaux ordinaires[1], même si le défendeur prétendait que le titre contesté lui a été imposé par un acte administratif, alors qu'il n'agit pas comme agent du gouvernement et qu'au moment où il a traité avec lui, il était libre d'accepter ou de ne pas accepter les conditions du cahier des charges[2].

---

[1] C'est-à-dire des tribunaux de commerce.

[2] Trib. de commerce de la Seine, 28 déc. 1868. Panekouke, directeur du *Moniteur universel* c. Wittersheim, directeur du *Moniteur officiel*. Annales, 1869, p. 5.

CHAPITRE III

DE L'AFFICHAGE, DU COLPORTAGE ET DE LA VENTE SUR LA VOIE PUBLIQUE

SECTION I. — DE L'AFFICHAGE

91. — Le droit d'afficher a été soumis dans l'ancienne législation à deux catégories différentes de restrictions ; les unes concernant la confection même des affiches, les autres relatives à leur apposition sur la voie publique, à la profession d'afficheur.

La loi nouvelle conserve, ou à peu près, les premières, elle supprime presque entièrement les autres.

92. — Il existe quatre sortes d'affiches : *a*) Celles qui sont apposées par ordre du gouvernement ; *b*) celles qui sont ordonnées par la loi ; *c*) celles qui sont prescrites par la justice ; *d*) celles enfin qui sont produites par de simples particuliers dans leur intérêt privé.

La loi de 1881, dans ses articles 15 et suivants, reproduit les dispositions édictées par le décret des 18-22 mai 1791 pour distinguer les affiches concernant les lois et autres actes de l'autorité, de celles qui sont faites par les particuliers.

Les actes de l'autorité[1] doivent être exclusivement imprimés sur le papier de couleur blanche, dont l'usage est interdit aux simples particuliers. De plus, les affiches officielles sont placardées dans un endroit spécial désigné à l'avance par arrêté municipal.

Quant aux affiches politiques et électorales, elles peuvent être librement apposées comme les autres et ne sont plus soumises à aucune restriction. L'art. 16 de la loi dispose qu'elles peuvent être placardées sur tous les édifices publics autres que ceux qui sont consacrés aux cultes. L'affichage, même des actes de l'autorité publique, ne pourrait avoir lieu sur les murs des édifices publics consacrés au culte qu'à la condition qu'il y eût au préalable, entente entre la fabrique et l'autorité municipale.

93. — Les affiches relatives aux intérêts privés, celles qui sont faites et apposées par des particuliers, sont soumises au timbre[2]. Au contraire, les affiches du gouvernement et de l'administration en sont affranchies.

Le timbre des affiches est de *dimension* ou *spécial*.

Le timbre de dimension est employé pour les affiches légales ou judiciaires qui doivent être signées par un officier public. Le timbre spécial s'applique à toutes les autres affiches soumises à cette formalité.

Les infractions à ces diverses dispositions sont punies d'une amende, ainsi qu'il sera expliqué dans le chapitre traitant des contraventions.

---

[1] Une circulaire ministérielle du 24 mai 1866 ne considère comme actes de l'autorité, au point de vue de la couleur du papier à employer, que ceux émanés d'un fonctionnaire agissant comme délégué du pouvoir exécutif. Dès lors, on ne pourrait, selon nous, comprendre dans les actes de l'autorité, les affiches par lesquelles les évêques publient leurs mandements, celles par lesquelles les curés annoncent leurs sermons ou leurs offices.

[2] C'est l'imprimeur qui est responsable de l'inobservation de cette formalité.

94. — Les innovations de la loi de 1881 sont plus complètes en ce qui concerne l'apposition des affiches : l'affichage.

D'après la précédente législation ceux qui voulaient exercer, même temporairement, la profession d'afficheur devaient en faire au préalable la déclaration devant l'autorité municipale et indiquer leur domicile, sous peine d'amende et d'emprisonnement.

La loi nouvelle a fait disparaître cette obligation. La profession d'afficheur est entièrement libre ; elle n'est assujettie à l'accomplissement d'aucune formalité. C'est la liberté absolue de l'affichage que le législateur de 1881 a voulu adopter : l'afficheur n'a plus de déclaration préalable à faire. L'affiche seule est, par elle-même, ou n'est pas délictueuse ; les municipalités n'ont plus le droit de réglementation en cette matière, on a simplement réservé aux maires le droit de désigner les lieux où pourraient être exclusivement affichés les actes de l'autorité publique.

95. — Si la loi du 29 juillet 1881 a abrogé toutes les lois, décrets et règlements antérieurs concernant l'affichage, elle n'a pas abrogé les articles de ces lois ayant un objet purement fiscal. C'est ce qui résulte d'une circulaire du préfet de police, en date du 18 juillet 1882, et publiée à la suite d'une entente avec le ministre de l'intérieur et le ministre des finances[1].

« Il y a deux sortes d'affiches, dit la circulaire en question, celles (imprimées ou manuscrites) sur papier, et les autres faites au moyen de la peinture ou de tout autre procédé, tel que la gravure, le découpage, etc., etc.

« Pour les affiches en papier, il importe de constater : 1° Si les affiches des particuliers sont imprimées sur

---

[1] Voir le texte complet de cette circulaire dans la *France judiciaire* VI, 2, 646.

papier de couleur, celles manuscrites pouvant être faites
sur papier blanc. (Loi du 29 juillet 1881, article 15) ; —
2° Si les unes et les autres sont timbrées ; soit par l'apposition d'un timbre humide de dimension ; soit par
l'application de timbres mobiles. (Loi du 16 juillet 1866,
art. 4, et loi du 30 mars 1880) ; — 3° Si ces timbres
mobiles n'ont pas déjà servi. (Loi du 11 juin 1859, art.
21) ; — 4° Si les timbres mobiles sont apposés sur les
affiches imprimées, conformément aux dispositions de
l'article 2 de la loi du 30 mars 1880[1] ; — 5° Si les timbres mobiles apposés sur les affiches manuscrites sont
oblitérés conformément aux dispositions de l'article 2 de
la loi du 30 mars 1880.

96. — Ces diverses prescriptions concernant les affiches en papier n'ont pas variées ; il n'en est pas de même
pour les affiches peintes. Aux termes du décret du 25
août 1852, la préfecture de police délivrait, sur le vu du
reçu de l'administration du timbre, une autorisation dont
le numéro, reproduit sur l'affiche peinte, indiquait que

---

[1] Voir le texte de la loi du 30 mars 1880 dans la *France judiciaire*
IV,2,656. Aux termes de cette loi,les timbres collés par les soins des
imprimeurs et à leurs risques et périls seront apposés de manière
à ce qu'ils soient recouverts par deux lignes au moins du texte
de l'affiche imprimée. Si, par suite de la disposition des caractères typographiques, cette oblitération ne pouvait avoir lieu
ainsi qu'il est prescrit dans le précédent alinéa, il y serait alors
suppléé par une griffe apposée à l'encre grasse en travers du
timbre : griffe faisant connaître le nom de l'imprimeur ou la raison sociale de sa maison de commerce et, enfin, la date de l'o-
blitération.
Le timbre mobile doit être collé (avant l'affichage) au recto de
chaque affiche non imprimée. Il est oblitéré : soit en le recou-
vrant d'une ou plusieurs lignes de texte de l'affiche, soit en appliquant en travers dudit timbre de la date de l'oblitération et le
nom de l'auteur de l'affiche, soit, enfin, en apposant en travers
une griffe faisant connaître le nom et la résidence de l'auteur de
l'affiche.

le droit avait été perçu. La préfecture de police ne délivrant plus d'autorisation, les affiches peintes ne peuvent plus légalement être numérotées. En conséquence, les agents devront aller trouver l'industriel qui a fait apposer l'affiche et se faire représenter le reçu du timbre ; si cette pièce ne peut être fournie, il y aura lieu de déclarer contravention.

Lorsqu'une affiche non timbrée, annonçant l'exploitation d'une industrie, a été placardée dans différents endroits publics, il y a lieu de présumer que l'affichage a eu lieu sur l'ordre de l'industriel désigné dans les affiches, et la régie peut lui réclamer l'amende et le droit de timbre[1]. La jurisprudence est bien constante sur ce point : la personne appelée à profiter de l'affiche est présumée être l'auteur de l'apposition.

97. — Le législateur de 1881 s'est préoccupé spécialement de protéger les affiches contre toute tentative de destruction.

Deux catégories d'affiches seulement sont placées sous la protection de la loi : les affiches apposées par ordre de l'administration et celles qui émanent des particuliers en matière électorale (art. 17). La contravention[2] est punie plus ou moins sévèrement suivant qu'elle émane d'un simple particulier ou d'un fonctionnaire public ; c'est une peine de simple police dans le premier cas, une peine correctionnelle dans le second. La raison d'être de cette distinction apparaît sans difficulté.

98. — La contravention existe pour les affiches, de

---

[1] Voir en ce sens un jugement du tribunal de Lyon du 22 février, 1877, *France judiciaire*, II, 2, 160.

[2] Le fait de lacérer ou d'enlever des affiches électorales constitue une contravention et un délit. (Voir en ce sens un jugement du tribunal de Saint Jean d'Angely, en date du 13 décembre 1881, *France judiciaire*, VI, 2, 221.

l'administration, pourvu quelles aient été altérées d'une façon quelconque et rendues illisibles ; mais il faut, bien entendu, que les affiches soient placées au lieu fixé par les arrêtés municipaux. En dehors de cette place légalement déterminée, elles peuvent être impunément lacérées.

L'amende infligée est de 5 à 15 fr.

Dans le cas où un fonctionnaire a commis la contravention, l'amende est de 16 à 100 fr. et l'emprisonnement de six jours à un mois. Les deux peines peuvent être prononcées ensemble ou séparément.

99. — Quant aux affiches électorales, toute atteinte qui y est portée est punissable, quel que soit le lieu où elles aient été apposées. Une seule exception est faite pour le cas où le propriétaire détruit les affiches placées sur son immeuble, il ne commet alors aucune contravention.

On avait proposé au cours de la discussion de donner le même droit au locataire, mais l'amendement a été rejeté. A notre sens, il faut assimiler au propriétaire, l'usufruitier et le principal locataire d'une maison, c'est-à-dire celui qui a loué l'immeuble et en jouit dans son entier.

L'amende est de 5 à 15 fr. Pour le fonctionnaire elle est, dans le même cas, de 16 à 100 fr. et l'emprisonnement de six jours à un an avec faculté de cumuler ou non les deux peines.

Toutefois le fonctionnaire ne commettrait aucune contravention si les affiches électorales étaient apposées dans le lieu réservé aux affiches émanant de l'administration.

100. — L'infraction prévue par l'art. 17 n'existe plus, bien entendu, si l'affiche enlevée, déchirée, recouverte ou altérée a fait son temps, c'est-à-dire si l'acte, l'opération qu'elle a en vue, sont tombés dans le domaine des faits accomplis. L'intention de l'agent est ici à rechercher. Le mot « méchamment » avait figuré dans la rédaction primitive de la loi, il n'a été retiré que parce qu'il a été reconnu inutile. Il est donc certain que si une affiche n'a plus d'utilité, le fait d'y avoir porté atteinte n'est pas répréhensible.

SECTION II. — DU COLPORTAGE ET DE LA VENTE SUR LA VOIE PUBLIQUE.

101. — La législation appliquée aux colporteurs a toujours été plus sévère et plus restrictive que celle qui concerne les afficheurs. Les raisons de cette différence sont faciles à saisir. D'une part le colportage s'applique non seulement à des écrits d'une longueur déterminée comme les affiches, mais bien aux imprimés de toute sorte, aux journaux périodiques, aux brochures, aux livres ; d'autre part il est facile de remédier aux abus produits par l'affichage en supprimant l'affiche apposée, tandis qu'il est absolument impossible de supprimer les effets du colportage.

La loi nouvelle a compris et sanctionné cette distinction tout en diminuant cependant les restrictions apportées à l'exercice du colportage, qu'elle a placé, on peut le dire, sous le régime de la liberté.

102. — Sous l'empire de la loi du 27 juillet 1849, les colporteurs, pour exercer leur profession, devaient obtenir une autorisation du maire. Cette formalité était imposée, qu'il s'agisse d'écrits distribués sur la voie publique ou à domicile ; que la profession soit habituelle ou accidentelle[1].

Une exception était cependant faite à cette règle : l'art. 2 de la loi de 1849 prescrivait que, pendant les 45 jours précédant les élections générales, tout citoyen pourrait

---

[1] Cass. crim. 25 janv. 1852. D. 52-1-190 ; Cass. crim. 15 fév. 1850. D. 50-1-72.

sans autorisation distribuer et vendre tous écrits ou imprimés relatifs aux élections. La loi du 16 juillet 1850 permettait la distribution sans autorisation pendant les vingt jours précédant l'élection.Elle s'appliquait à toutes les élections,tandis que la loi de 1849 visait seulement les élections générales.

Les colporteurs et distributeurs devaient en outre présenter à l'autorité municipale le catalogue de leurs ouvrages et leur livret.

103. — La loi nouvelle a fait disparaître toutes ces restrictions [1]. Elle n'astreint plus les colporteurs et distributeurs qu'à une simple déclaration faite, dans les termes de l'art. 18, soit à la préfecture, soit à la sous-préfecture, soit même à la mairie et contenant leurs noms, prénoms et domicile. Il leur en est délivré un récépissé qu'ils doivent représenter à toute réquisition.

Aucune atteinte, on le voit, n'est apportée à l'exercice de la profession, l'administration connaît seulement les noms des colporteurs et peut être ainsi en mesure de les surveiller et de réprimer leurs écarts.

Du reste aucune condition n'est exigée du colporteur, il n'est pas nécessaire qu'il jouisse de ses droits civils et politiques, il pourrait même ne pas être français [2].

Quant au colportage accidentel, il est absolument libre et s'exerce sans aucune autorisation.

On peut donc dire sans crainte de dépasser la vérité, qu'en cette matière, la loi de 1881 a établi le régime de la liberté d'une façon aussi complète que possible, bien

----

[1] Déjà la loi du 9 mars 1878, dont le texte est reproduit dans la *France judiciaire* II, 2, 339, avait proclamé la liberté du colportage et le législateur de 1881, n'a eu qu'à sanctionner à nouveau, dans la loi générale sur la presse, les dispositions de la loi de 1878.

[2] La disposition du projet primitif exigeant ces conditions a été supprimée au cours de la discussion.

qu'elle édicte pour le colporteur une déclaration qui n'est pas demandée à l'afficheur ; les deux professions en effet sont différentes.

104. — La loi de 1881 se borne à réglementer la profession du colporteur et du distributeur sur la voie publique (art. 13 à 22) ; elle ne parle en aucune façon des *crieurs*, ce qui prouve qu'elle n'a pas voulu faire d'empiètement sur les attributions municipales en cette matière. L'art. 68 de la loi du 29 juillet 1881 qui abroge toutes les lois et réellement antérieur sur la presse, n'entend donc abroger que les arrêtés des réglements qui s'occupent du colportage, et non ceux qui statuent sur le criage.

On ne saurait en effet confondre le colporteur et le distributeur sur la voie publique avec le crieur. Ce dernier exerce une profession bruyante, de nature à troubler la tranquillité du publique ; aussi, la loi n'a jamais établi d'assimilation entre ces deux professions, toujours, et sous tous les régimes les crieurs ont été soumis à une règlementation spéciale, ainsi que le démontre la loi du 20 décembre 1830 (art. 3 et 7). Il appartient donc aux maires, sous l'empire de la loi de 1881, comme sous la législation antérieure, de réglementer la police des crieurs aussi bien d'imprimés ou de journaux que d'autres marchandises[1]. Mais les maires ne peuvent, dans leurs arrêtés règlementaires, qualifier de délits des faits qui ne sont en réalité que des contraventions.

---

[1] Voir en ce sens un jugement du tribunal de simple police de Besançon, en date du 3 août 1882. *France judiciaire.* VI, 2, 782.

CHAPITRE IV

DES CONTRAVENTIONS

I. — *Caractères généraux des contraventions.*

105. — D'après l'art. 1er du code pénal, la contravention est l'infraction que la loi punit des peines de simple police (15 fr. d'amende et 5 jours de prison au maximum).

Tout autre est le sens du mot contravention dans la loi spéciale sur la presse, il signifie toute infraction aux dispositions de cette loi, quelle que soit la peine édictée. Mais, entendue en ce sens comme dans celui du code pénal, la contravention, pour exister, n'a nullement besoin d'être intentionnelle. Ce n'est pas l'intention qui est punie, mais le simple oubli des dispositions de la loi, la simple négligence. Le fait seul est à considérer sans qu'on puisse faire entrer en ligne de compte les causes d'excuses prises en dehors.

C'est ainsi, par exemple, que le défaut d'indication du nom et de la demeure de l'imprimeur ne pourrait être excusé par le prétexte qu'ils sont de notoriété publique, et que d'ailleurs un prospectus relatif à l'ouvrage incriminé en fait mention [1].

---

[1] Cass. crim., 14 jui n 1833, Olive.

Le gérant d'un journal qui n'a pas signé les exemplaires destinés au dépôt, ne peut être, en vertu de la même régle générale, excusé de cette contravention sous prétexte de bonne foi. La force majeure seule serait une excuse admissible[1].

106. — Les circonstances atténuantes sont-elles admises en pareille matière? — L'art. 463 du code pénal ne s'applique pas aux matières spéciales. Pour que les circonstances atténuantes puissent être invoquées, il faut une disposition expresse de la loi.

Or, dans la législation précédente, l'art. 23 de la loi du 27 juillet 1849 disposait en ces termes : « L'art. 463 du code pénal est applicable aux délits prévus par la présente loi. »

Il résulte du principe inséré plus haut et des termes de cet article que les circonstances atténuantes s'appliquaient seulement *aux délits* prévus par la loi de 1849, mais en aucune façon aux contraventions.

C'est en ce sens que la jurisprudence antérieure à 1881 se prononçait sans hésitation[2].

107. — En est-il de même aujourd'hui? — Nous ne le pensons pas.

L'art. 64 de la loi nouvelle s'exprime en effet en ces termes : « L'art. 463 du code pénal est applicable *dans tous les cas prévus par la présente* loi. »

La circulaire du ministre de la justice (voir plus haut, p.82).dit que cette disposition reproduit l'art.28 de la loi du 27 juillet 1849. Il suffit de rapprocher les deux textes pour se convaincre du contraire. La loi de 1849 déclare l'art. 463 du code pénal applicable « *aux délits* » qu'elle

---

[1] Cass. crim., 16 av. 1841. Dubreuil.
[2] Cass. crim., 6 sept, 1851. D. 51, 5, 431.

prévoit ; la loi de 1881 le déclare applicable « *à tous les cas* » qu'elle prévoit.

Cette expression, aussi générale que possible, comprend non seulement les délits, mais les contraventions. Sans doute, on peut objecter que l'art. 64 est compris dans le chapitre relatif aux délits ; mais pour que cette objection ait une valeur, il faudrait que l'article portât ces mots « à tous les cas prévus *par le présent chapitre*, » tandis qu'on y lit : « à tous les cas prévus *par la présente loi*. »

Dans son rapport sur l'art. 64. M. Lisbonne député, s'est exprimé d'ailleurs en ces termes : « L'art. 463 est applicable à tous les cas prévus par la présente loi. Nous avons évité de nous servir de l'expression *délits*, pour ne pas donner lieu à l'équivoque et laisser supposer que nous refusions le bénéfice des circonstances atténuantes aux infractions qui sont plutôt des contraventions matérielles que des délits intentionnels. Nous avons profité, à cet égard, de l'expérience du passé et avons été avertis par les controverses qu'avaient provoquées les dispositions des art. 8 du décret du 11 août 1848, 23 de la loi du 27 juillet 1849, et qu'avait voulu faire cesser l'art. 16 de la loi du 11 mai 1868. Comme il n'y aura plus d'autre loi en matière de crimes, de délits ou de contraventions commis par la voie de la presse ou de la parole, que celle-ci, l'application de l'art. 463 *à tous les cas prévus par cette loi* ne permettra plus aucune espèce de doute. »

Les circonstances atténuantes ne doivent donc être refusées qu'aux cas non prévus par la loi de 1881, pourvu toutefois que les lois particulières qui les régissent n'admettent pas l'application de l'art 463 du code pénal.

II. — *Constatation des contraventions. Compétence.*

108. — Les contraventions aux lois sur la presse sont constatées par des procès-verbaux, mais elles peuvent néanmoins être poursuivies sans cette formalité ; il suffit que l'existence de la contravention soit établie [1].

La saisie et le séquestre, qui pouvaient être prononcés sous l'empire de la loi du 28 février 1817, n'existent plus aujourd'hui.

109. — Dans la législation précédente, toutes les contraventions en matière de presse étaient de la compétence des tribunaux correctionnels, conformément à l'art 179 du code d'instruction criminelle, puisque toutes les peines dépassaient quinze francs d'amende et cinq jours d'emprisonnement. Il n'en est plus de même aujourd'hui. Les peines prononcées sont tantôt des peines de simple police, tantôt des peines de police correctionnelle.

Dans le premier cas, c'est le juge de paix qui est compétent. Dans le second ce sont les magistrats composant le tribunal correctionnel.

Le juge de paix est compétent en vertu de l'art. 2, si l'imprimeur a omis d'indiquer son nom et son domicile.

Le même article régit ceux qui auraient apposé des placards à la place réservée aux affiches de l'autorité publique. Les peines de simple police s'appliquent encore à ceux qui ont altéré des affiches émanées de l'autorité ou des affiches électorales.

Mais si le fait avait été commis par un agent de l'autorité, le tribunal correctionnel serait compétent [2].

Toute infraction à la formalité du dépôt est déférée au tribunaux correctionnels. De même encore celles qui concernent les règles prescrites pour la gérance des jour-

---

[1] Cass. crim., 16 août 1851. D. 51, 5, 317. — Cass. crim. 2 av. 1830, (Renault.)

[2] Les infractions aux dispositions relatives au colportage et à affichage sont de la compétence des juges de paix.

naux, le refus d'insertion, la circulation des journaux étrangers.

III. — *Poursuites, prescriptions, pourvoi, cassation.*

110. — Les contraventions sont poursuivies à la requête du ministère public, sauf en ce qui concerne les rectifications et insertions. Dans ces deux derniers cas, c'est sur l'action du particulier lésé que le débat s'engage.

Il en est encore ainsi en cas de lacération ou destruction d'affiches électorales intéressant des particuliers.

111. — La loi du 9 juin 1819 établissait une prescription de trois mois contre les poursuites en matière de presse ; le législateur de 1881 a conservé le même délai. l'art. 65 s'exprime en ces termes : « L'action publique et l'action civile résultant des crimes, délits et *contraventions* prévus par la présente loi se prescriront par trois mois révolus, à compter du jour où ils auront été commis, ou du jour du dernier acte de poursuite, s'il en a été fait. »

112. — Une seule modification est apportée à la procédure prévue par le code d'instruction criminelle. Aux termes de l'art. 60, la citation doit préciser et qualifier le fait incriminé, elle doit indiquer le texte de la loi applicable à la poursuite, le tout à peine de nullité de ladite poursuite.

Cette nullité est d'ordre public, et les juges peuvent la relever d'office, en l'absence de toute conclusion des parties [1].

113. — Le pourvoi en cassation peut être formé par

---

[1] Trib. d'Oran. 14 déc. 1881. — Contra : Trib. de Compiègne *J. le Droit* du 10 déc. 81.

le plaignant et la partie civile, le cas échéant; il est dispensé de la consignation d'amende et de la mise en état (art. 61).

Le délai est de trois jours francs, et le pourvoi doit être formé au greffe de la cour d'appel ou du tribunal qui a rendu la décision, et non au greffe de la cour de cassation.

La constitution d'avocat est facultative, aux termes de l'art. 62. La cour suprême doit juger dans les dix jours de la réception des pièces.

DEUXIÈME PARTIE

—

CRIMES ET DÉLITS QUI PEUVENT SE COMMETTRE

PAR LES DIFFÉRENTS MOYENS DE PUBLICATION

CHAPITRE PREMIER

114. — Si la presse doit être libre, si chacun a le droit d'exprimer librement sa pensée soit par la parole, soit par la presse, cette liberté, ce droit ont cependant une limite, et il n'est pas permis d'en abuser. Chaque fois qu'un préjudice est ainsi causé aux individus ou à l'ordre public, il doit y avoir répression, parce qu'il y a abus.

Dans certaines législations, notamment dans la législation anglaise, une distinction a été faite entre les crimes et délits commis par la parole et ceux commis par la presse. Pour la justifier, on alléguait que la presse avait des effets bien plus dangereux et bien plus étendus que la parole.

La législation française n'a jamais fait cette distinction et elle a placé sur la même ligne les délits de presse et de parole.

115. — Devait-on, en cette matière appliquer le droit commun ? En d'autres termes, les délits de droit commun devaient-ils être punis des peines prévues par le code pénal, lorsqu'ils étaient commis par la voie de la presse ?

On l'a énergiquement soutenu lors de la discussion de

10

la loi de 1881. M. Floquet s'était efforcé de faire admettre le principe suivant : « Il n'y a pas de délits spéciaux en matière de presse. Quiconque fait usage de la presse ou de tout autre moyen de publication, est responsable selon le droit commun. » Cet amendement a été repoussé par 255 voix contre 209 à la chambre des députés.

Il eût néanmoins un effet important. Dans la rédaction primitive du projet de loi, on avait prévu la provocation même non suivie d'effet, et la fausse nouvelle n'ayant pas troublé la paix publique. Ces deux dispositions ont été supprimées.

116. — Depuis la loi de 1881, comme précédemment, les délits de la parole et de la presse ont un caractère particulier, une nature spéciale. Mais dans ces délits comme dans tous les autres, il faut que l'intention de nuire soit jointe au fait matériel de l'action.

Il faut aussi qu'il y ait eu *publicité*. La loi met sur le même rang les délits commis dans les lieux publics, et ceux commis dans les réunions publiques [1].

117. — Que faut-il entendre par lieux publics ? Certains endroits sont publics de leur nature comme les rues, les places, etc., ils ne cessent pas d'être publics alors même qu'il ne s'y trouve personne.

D'autres locaux sont publics par destination comme les temples, les auberges, les cafés, les chemins de fer, pendant le temps de leur ouverture. Là encore, la publicité existe alors même qu'il n'y a personne autre que les auteurs du délit.

Enfin, tous les lieux peuvent devenir publics, alors qu'il s'y rencontre un nombre de personnes suffisant pour répandre les propos incriminés.

---

[1] Voir les délits commis dans les réunions publiques : Ch. Constant, *Code des réunions publiques*, commentaire pratique de la loi du 30 juin 1881. Paris, Pedone-Lauriel, 1882 vol. in-18.

D'ailleurs il faut remarquer que la loi n'ayant pas pris soin de déterminer combien de personnes seront nécessaires pour qu'un lieu puisse être considéré comme public, c'est là une question laissée à l'appréciation des juges.

118. — Quant aux réunions publiques, la même incertitude règne sur le nombre de personnes pouvant les constituer.

Le code pénal déclare illicites les réunions de plus de vingt personnes. Cependant nous pensons que, même dans une réunion de moins de vingt personnes, il pourrait y avoir publicité; c'est là aussi une question laissée à l'appréciation du juge.

119. — Mais en cas de vente ou de distribution d'écrits, il n'est nullement nécessaire pour que le délit existe, que la distribution ait eu lieu dans des lieux publics, la mise en vente clandestine suffit absolument. Pour les placards, la publicité existe quand ils sont placés dans un endroit même privé, mais accessible au public.

CHAPITRE II

DE LA PROVOCATION AUX CRIMES ET DÉLITS

120. — Le code pénal considère la provocation comme une complicité, mais il exige qu'elle ait été caractérisée par de nombreuses promesses, (art. 60 et 102).

Les dispositions de la loi de 1881 sur la provocation, sont absolument différentes ; il faut remarquer toutefois qu'elles se rapprochent beaucoup plus du droit commun que la précédente législation sur la presse.

C'est ainsi qu'autrefois, la provocation, même non suivie d'effet, constituait la complicité.

Il n'en est de même aujourd'hui que si la provocation a été suivie d'effet ; c'est le système du code pénal qui a passé dans la loi, on a vu plus haut à la suite de quelles circonstances.

121. — De même encore, les peines édictées par le code pénal ne s'appliquaient qu'à ceux qui avaient *directement* provoqué à commettre des crimes, tandis que l'ancienne législation sur la presse punissait toute provocation, directe ou indirecte.

La loi de 1881 est revenue au système du code, il

faut avoir provoqué *directement*, le mot est écrit dans l'art. 23 de la loi.

On s'est, on le voit, rapproché autant que possible du droit commun. Il faut remarquer d'ailleurs que le législateur n'a pas entendu retenir un seul des délits d'opinion dont les législations antérieures s'étaient parfois montrées prodigues [1].

---

[1] Ainsi se trouvent supprimés *a)* La provocation à la désobéissance aux lois, (art. 6 de la loi du 17 mai 1819); — *b)* L'outrage à la morale publique et aux bonnes mœurs, (art. 8 de la loi du 17 mai 1819). — *c)* L'outrage anx religions reconnues par l'État, (art. 1er de la loi du 25 mars 1822); — *d)* L'attaque contre la liberté des cultes, le principe de la propriété et les droits de la famille, (art. 3 du décret du 11 août 1848) ; — *e)* L'attaque à la constitution, au principe de la souveraineté du peuple et du suffrage universel, (art. 1er du décret du 11 août 1848 et art. 1er de la loi du 29 décembre 1875); — *f)* L'excitation à la haine et au mépris de gouvernement, (art. 4 du décret du 11 août 1848); — *g)* Le trouble à la paix publique en excitant le mépris ou la haine des citoyens les uns contre les autres, (art. 7 du décret du 11 août 1848); — *h)* L'attaque contre le respect dû aux lois et l'inviolabilité des droits qu'elles ont consacrés, ainsi que l'apologie de fait qualifiés crimes ou délits par la loi, (art. 3 de la loi du 27 juillet 1849) ; — *i)* L'infidélité et la mauvaise foi dans le compte-rendu des séances des chambres ainsi que des audiences des cours et tribunaux, (art. 7 de la loi du 25 mars 1822 § 1, aggravé par le § 2 si le compte rendu est de plus injurieux). — *j)* L'interdiction de rendre compte des procès pour délits de presse, (art. 17 du décret du 17 février 1852) ; — *k)* La provocation à commettre un délit quand cette provocation n'a pas été suivie d'effet. — *l)* L'enlèvement ou dégradation des signes publics de l'autorité, opéré en haine ou au mépris de cette autorité, (art. 6 § 1 du décret du 11 août 1848); — *m)* Le port public de tous les signes extérieurs de ralliement non autorisés par la loi ou par des règlements de police, (art. 6 du décret du 11 août 1848) ; — *n)* L'exposition dans des lieux ou réunion publics, la distribution ou la mise en vente de tous signes ou symboles propres à propager l'esprit de rébellion ou à troubler la paix publique, (art. 6 § 4 du décret du 11 août 1848.)

122. — L'article 24 de la loi du 29 juillet 1881 punit la *provocation* à un crime ou à un délit. Il ne faut pas confondre la provocation avec la *complicité* dont parle l'article 60 du code pénal malgré les ressemblances qui ont été signalées plus haut. Cet article n'est pas applicable à la presse, (opinion de M. de Marcère, *Jour. officiel* du 30 janvier, p. 84).

Ce serait toutefois commettre une erreur que de croire et de dire avec M. de Marcère que l'article 60 du code pénal ne peut s'appliquer et ne s'applique pas aux journalistes.Comme l'a fait remarquer M. Ribot (*Jour. officiel* du 30 janvier, p. 88), l'article 60 peut s'appliquer dans des cas, il est vrai, très-rares et tout à fait exceptionnels ; par exemple, si, à l'aide d'un article du journal, on commet une manœuvre constitutive d'un délit d'escroquerie ; si l'article du journal, au lieu d'être simplement une provocation, est lui-même un acte, un élément essentiel et constitutif de délit, l'auteur de l'article tombe sous le coup de l'article 60 du code pénal, non pas comme provocateur, mais comme complice, comme ayant fourni un moyen de commettre le délit.

123. — La provocation non suivie d'effet, ne doit pas être poursuivie ni punie. C'est ce qui résulte nettement de la suppression d'un article qui, dans le projet primitif, portait le n° 25. Cette suppression a été faite par la commission à la suite d'un discours de M. Floquet. (*Jour. officiel* du 1er février 1881, p. 102), et sanctionnée par un vote de la chambre des députés qui, par 339 voix contre 112, a repoussé l'article 25 du projet primitif. La provocation n'est en somme qu'une sorte de complicité, et la complicité ne peut être punie qu'à la condition qu'il y ait un crime ou un délit. De plus, il serait impossible [de punir la provocation non suivie d'effet en lui attribuant une relation directe avec un crime ou un délit ; quelle relation peut-il y avoir entre une provocation et un crime qui n'a pas été commis?

Or, cette relation directe est nécessaire pour qu'il y ait une provocation punissable. Telles sont les raisons juridiques qui ont amené le législateur de 1881 à ne pas punir la provocation non suivie d'effet.

124. — En résumé, l'article 23 de la loi de 1881, frappe d'une peine la provocation à un crime ou à un délit, quand la provocation aura été suivie d'effet. C'est le texte même de la loi de 1819 ; il ne l'aggrave pas, il l'atténue ; il exige que la provocation soit directe, c'est-à-dire rattachée à l'acte incriminé par un lien si intime qu'elle en soit inséparable. La provocation indirecte ne repose que sur une induction et tout au plus sur une hypothèse. Mais quand la provocation n'a pas été suivie d'effet, on ne saurait lui appliquer la peine de la complicité pour un crime qui n'a pas été commis. Pour punir la provocation, dans ce cas, il faut l'ériger en délit. C'est ce qu'a fait la foi de 1819, et ce qu'avait accepté le projet primitif de la Chambre des députés.

125. — Cette question a divisé la commission du sénat : une partie inclinait à la reconnaissance du délit ; elle disait, pour justifier son opinion, qu'il y a délit toutes les fois qu'il y a intention de nuire et fait nuisible. Un homme provoque à la guerre civile, l'intention nuisible n'est pas douteuse. De ce qu'une insurrection n'a pas répondu à son appel, on ne saurait conclure qu'il n'a porté aucun préjudice à la société, car, rien que par sa provocation, et en dehors de toute révolte à main armée, il a dû jeter l'inquiétude ou l'alarme dans le pays ; l'inquiétude, l'alarme constituent à elles seules un fait nuisible au premier degré, et on lui accorderait l'impunité sous prétexte que l'effet est le critérium de la culpabilité de provocation ! Mais l'effet, c'est le trouble des esprits et, par suite, le dommage porté aux intérêts. Telle a été l'opinion de la minorité de la commission.

La majorité a répondu : Il ne suffit pas qu'en matière pénale un préjudice soit possible, il faut encore
qu'il soit certain. Si les esprits n'ont pas été troublés, si
les intérêts n'ont pas été alarmés par une provocation
qui n'a été qu'une voix dans le désert, où est le préjudice ? Et si la provocation les a troublés et alarmés,
comment pouvoir saisir le corps du délit au fond des
esprits et en mesurer la criminalité, mesurée elle-même
sur l'étendue du dommage ? Une loi qui n'a aucun
moyen humain de faire cette mesure n'a pas le droit de
punir. C'est pour ce motif que dans la loi de 1881, la
transformation en délit d'une provocation non suivie
d'effet n'a pas été acceptée.

126. — L'article 24 adopté par la Chambre des députés, finissait par ce paragraphe : « Cette disposition
sera également applicable lorsque la provocation n'aura
été suivie que d'une tentative de crime ou de délit, conformément aux articles 2 et 3 du code pénal. » La tentative d'un crime est toujours assimilée au crime lui-
même quand cette tentative s'est manifestée dans les
conditions indiquées par l'article 2 du code pénal. Il
n'en est pas de même pour les délits. La tentative à
leur égard n'est punie que dans des cas spéciaux et en
vertu des dispositions particulières de nos lois (articles
179, 241, 245, 388, 400, 401 du code pénal et loi du
27 mars 1851). Le sénat a pensé qu'il serait excessif
d'étendre la complicité résultant d'une provocation par
parole ou par écrit à des cas spéciaux dans lesquels la
simple tentative n'est assimilée que par exception au délit lui-même. Il n'a donc maintenu la disposition adoptée par la Chambre que pour tentative de crime.

127.—Toutes les lois sur la presse se sont occupées de l'armée, qui, en même temps qu'elle est le rempart du pays contre l'invasion étrangère, est aussi une des garanties les plus sérieuses du maintien de l'ordre.

L'article 25 de la loi a pour but de protéger l'armée contre l'esprit d'indiscipline : « Si l'on ne veut pas, a dit M. Agniel, que l'armée, à une heure donnée, se transforme en prétoriens, il ne faut pas que la discipline militaire puisse être entamée par la provocation, alors même que cette provocation se heurterait au bon sens de l'armée et à son patriotisme. La commission a pensé que c'était un véritable délit que de s'interposer entre l'armée, chargée par la loi d'une mission qui ne peut être accomplie que par l'obéissance envers les chefs, et cette mission elle-même. »

Il a fallu d'ailleurs l'intervention du ministre de la justice pour décider la Chambre des députés à voter l'art. 25 dont le rejet, a dit le ministre, « aurait pour conséquence nécessaire d'affaiblir dans l'esprit de l'armée ces vertus militaires qui sont sa force et qui intéressent à un si haut degré la sécurité de l'Etat. »

La provocation ayant pour but de détourner le militaire de ses droits et de ses devoirs, tels qu'ils sont définis par les lois militaires spéciales, constitue donc un délit.

128. — Le délit prévu par l'article 25 n'a rien de commun avec le délit d'embauchage, c'est-à-dire la provocation à l'enrôlement dans une armée étrangère, puni par l'art. 208 du code de justice militaire promulgué en 1857.

La question de savoir si la provocation par la voie de la presse pouvait être considérée comme une tentative d'embauchage a été plusieurs fois discutée. La peine de cette infraction étant la mort, on s'est demandé si l'application de cette peine à l'auteur d'un article de journal ne serait pas en opposition avec la suppression de la peine de mort en matière politique. La loi de 1881 a laissé cette question sans réponse, mais il n'existe rien dans son texte dont on puisse tirer argument dans un sens ou dans l'autre.

CHAPITRE III

DES DÉLITS CONTRE LA CHOSE PUBLIQUE

129. — Dans son acception générale, le mot *outrage*
comprend tous les excès ; mais, pris dans un sens restreint, il s'applique aux actes et aux paroles de nature
offensante.

Bien des jurisconsultes se sont efforcés de définir
l'outrage. Cela est loin d'être aussi facile qu'on le
suppose à première vue, et M. Lisbonne, rapporteur
de la loi de 1881, n'a pas consacré moins de six pages
de son rapport à la recherche de cette définition qui le
fuyait sans cesse. Après avoir reconnu que les diction-
naires de l'Académie, de Littré, de Larousse ne donnent
que des définitions qui « se nuisent réciproquement et se
rendent moins claires en se renvoyant l'une à l'autre, »
M. Lisbonne essaie de formuler une définition, et voici
celle qu'il fournit : « l'outrage est la gradation, l'augmentatif de l'injure. » Mais il faut dire que dans les diction-
naires précités, le mot *injure* n'est pas mieux défini que
le mot *outrage*, et qu'on a peine, dès lors, à comprendre
une gradation, dont le premier terme n'est pas déter-

miné, un augmentatif, c'est-à-dire un comparatif ou un superlatif d'un positif qui n'est pas défini.

M. Lisbonne s'est d'ailleurs déclaré peu satisfait de la définition qu'il a donnée de l'outrage, et, recherchant dans les législations antérieures, il s'est demandé si les mots « offense, attaque » qui s'y rencontrent ne traduisaient pas mieux sa pensée. « En somme, conclut-il, ce qui cesse d'être la manifestation d'une opinion, c'est l'injure, l'insulte, l'outrage ; cela devient un acte : *scribere est agere* » et plus loin, il ajoute en terminant : « la définition pratique de ce délit, nous la livrons au discernement, à l'impartialité, au patriotisme du jury. »

130. — Les lois françaises successivement en vigueur ont prévu six espèces différentes d'outrage ; 1° les outrages à la religion, à la morale publique et religieuse, aux bonnes mœurs ; 2° les offenses envers le chef de l'Etat ; 3° les offenses envers le parlement ; 4° les offenses envers les souverains étrangers ; 5° les outrages envers les personnes revêtues d'un caractère public ; 6° la diffamation et l'injure. Nous allons passer successivement en revue ces différentes formes de l'outrage, et dire comment la loi du 29 juillet 1881 entend les réprimer.

§ 1. *Outrages aux bonnes mœurs.*

131. — Le délit d'outrage aux bonnes mœurs a toujours été réprimé dans notre législation. Notre code civil place les bonnes mœurs au-dessus des stipulations (art. 6); notre code pénal punit les actes matériels, les attitudes qui les offensent publiquement. La loi de 1849, dans son article 8, punissait « tout outrage à la morale publique et *religieuse*. » Ce dernier mot avait été ajouté à la suite d'un amendement. Le législateur de 1881 a suivi un autre système

132. — L'outrage aux bonnes mœurs constitue un délit différent de l'outrage à la morale publique. Ce dernier délit est plus étendu, il comprend l'outrage aux bonnes mœurs, mais aussi quelque chose en plus.

Il résulte des travaux préparatoires que c'est l'outrage aux bonnes mœurs seulement qui est prévu par la loi de 1881 ; ni l'outrage à la morale religieuse, ni l'outrage à la morale publique ne tombent sous le coup des pénalités prévues par l'art. 28.

En effet, dans la séance du 11 juillet 1881, M. de Gavardie, avait proposé de reproduire la disposition de la loi de 1819 (art. 18), punissant l'outrage à la morale religieuse. Mais cet amendement, vivement combattu par M. Pelletan, a été rejeté par le sénat.

M. de Gavardie, ayant ensuite demandé au sénat de s'expliquer sur les mots « bonnes mœurs » dont le sens lui paraissait très-vague, le président de la commission s'est borné à le renvoyer à l'art. 28 du code pénal où se trouve aussi l'expression de « bonnes mœurs. »

Il faut donc décider que l'outrage aux bonnes mœurs comprend plus spécialement les outrages à la pudeur, fondés sur la licence et la débauche.

On doit remarquer que la loi donne compétence à la cour d'assises lorsque l'outrage aux bonnes mœurs est commis par l'un des moyens énoncés dans l'art. 23, tandis qu'elle attribue aux tribunaux correctionnels la connaissance des délits de mise en vente, ou exposition de dessins, gravures ou images obscènes.

133. — L'art. 27 punit l'outrage aux bonnes mœurs, de quelque façon qu'il se produise, par discours, cris ou menaces, par écrits ou imprimés, enfin par l'exposition et la mise en vente de dessins ou emblèmes.

Les dessins et images sont l'objet d'une mesure préventive spéciale, ils peuvent être saisis, sauf à être détruits plus tard, s'il y a lieu, après condamnation. La peine prévue est de un mois à deux ans de prison avec une amende de 6 à 2,000 fr.

134. — La loi du 29 juillet 1881, tout en réprimant les outrages aux bonnes mœurs, par écrits ou imprimés, n'avait pas toutefois armé l'autorité judiciaire d'un pouvoir suffisant pour réprimer le commerce d'écrits et de gravures obscènes qui, à la faveur de la loi sur la liberté de la presse, prenait dans les grandes villes de France un développement scandaleux. C'est ce que comprit bientôt le gouvernement qui présenta, le 2 mai 1882, à la chambre des députés, un projet de loi tendant à entraver le développement de la presse pornographique et à arrêter son étalage honteux.

135. — Ainsi que nous venons de le voir, le législateur de 1881 avait bien aperçu le danger de la presse obscène et des écrits contraires aux bonnes mœurs ; il avait notamment prévu, dans l'art. 28 de la loi du 29 juillet, le délit d'outrages aux bonnes mœurs commis par images ou emblèmes obscènes ; et, pour réprimer ce délit plus énergiquement, il avait, d'une part, enlevé à l'éditeur de la gravure obscène le bénéfice de la juridiction du jury, le renvoyant devant le juge du tribunal correctionnel ; d'autre part, il avait permis la saisie préalable de la gravure ou de l'image incriminée.

136. — Mais le législateur de 1881 s'était arrêté en chemin ; il n'avait pas songé que s'il était justement et légitimement sévère pour les gravures obscènes, il devait ne faire aucune espèce de différence entre la gravure et l'écrit ; et tandis qu'à l'égard de la gravure il renvoyait le délit commis devant la police correctionnelle, tandis qu'il permettait la saisie préalable de la gravure incriminée, il laissait l'écrit obscène sous la juridiction du jury et sous le bénéfice de toutes les dispositions de la loi édictées en faveur de la liberté de la presse.

137. — Le projet de loi présenté le 2 mai 1882 par le gouvernement est devenu la loi du 2 août 1882 [1], dont le texte est ainsi conçu :

Art. 1er. — Est puni d'un emprisonnement de un mois à deux ans et d'une amende de seize à trois mille francs, quiconque aura commis le délit d'outrage aux bonnes mœurs ; par la vente, l'offre, l'exposition, l'affichage ou la distribution gratuite, sur la voie publique ou dans les lieux publics, d'écrits, d'imprimés autres que le livre, d'affiches, dessins, gravures, peintures, emblèmes ou images obscènes.

Art. 2. — Les complices de ce délit, dans les conditions prévues et déterminées par l'art. 60 du code pénal, seront punis de la même peine, et la poursuite aura lieu devant le tribunal correctionnel, conformément au droit commun et suivant les règles édictées par le code d'instruction criminelle.

Art. 3. — L'art. 463 du code pénal s'applique aux délits prévus par la présente loi.

Art. 4. — Sont abrogées toutes les dispositions contraires à la présente loi.

138. — La loi du 2 août 1882, bientôt suivie d'une circulaire du ministre de la justice aux procureurs généraux [2], nécessite quelques commentaires.

Ce qu'elle a voulu principalement atteindre, c'est la spéculation, c'est le commerce des publications obscènes qui envahissaient la voie publique et déshonoraient nos grandes villes. De là, la définition du délit tel que le comprend l'article premier de la loi. Mais, en caractérisant le délit ainsi qu'il l'a fait, le législateur a montré clairement qu'il n'entendait atteindre ni les thèses de morale plus ou moins hardies, ni les dis

---

[1] Voir au besoin, dans la *France Judiciaire*, vi, 2, 673, les indications relatives à la discussion à laquelle la loi du 2 août 1882 a donné lieu devant la Chambre des députés et le Sénat.

[2] Voir le texte de cette circulaire dans la *France judiciaire*, vi, 2.

cussions politiques, philosophiques ou religieuses. Le délit que prévoit la loi du 2 août 1882, n'a rien de commun avec le délit d'outrage à la morale publique et religieuse, que la loi du 29 juillet 1881 a fait disparaître de nos codes ; elle laisse intacte la liberté des opinions et des doctrines, et n'atteint que le commerce d'écrits et de gravures obscènes.

139. — On remarquera que le législateur a excepté formellement le *livre* des dispositions de la loi du 2 août 1882. Le livre, par son prix, par son étendue, par l'intention de l'auteur, par le plan, par le public auquel il s'adresse, par les conditions dans lesquelles il se vend, ne présente pas les mêmes dangers que l'écrit, l'imprimé ou la gravure obscène. Le livre reste donc soumis aux dispositions de l'art 28 de la loi du 29 juillet 1881 ; il bénéficie du privilége de la législation spéciale à la presse et ses auteurs continuent à être soumis, en cas de délit, à la compétence de la cour d'assises.

140. — Faut-il distinguer entre le livre et la *brochure* ? C'est là une question d'appréciation ; mais nous pensons que l'on essaierait vainement de faire passer pour un livre, une brochure de quelques pages qui, par sa forme, son prix minime, l'accès facile au public, l'intention même de l'auteur, ne servirait qu'à masquer un écrit obscène semblable à ceux que la loi du 2 août 1882 a entendu réprimer spécialement.

141. — La loi du 2 août 1882, ne s'étend pas davantage aux *discours*, *chants* ou *cris obscènes*. Le projet de loi du gouvernement proposait de faire rentrer dans le droit commun les auteurs de ces délits ; mais la commission de la chambre des députés a pensé qu'à l'égard de ces délits, d'une nature souvent légère et mal définie, la loi du 29 juillet 1881, appliquée avec fermeté, suffirait sans qu'on ait recours à une loi plus répressive.

142. — Les peines prévues par l'art. 1er de la loi du 2 août 1882, surtout celle de l'amende qui permet aux juges d'atteindre plus sûrement le spéculateur ou le trafiquant de publications obscènes, ne sont pas excessives, si on les compare à celles édictées par les législations étrangères les plus favorables à la liberté de la presse[1]. En Angleterre, en effet, la mise en vente d'écrits obscènes est punie de l'amende ou de l'emprisonnement avec travail forcé, « à la discrétion de la cour. » Aux États-Unis, l'acte du 5 mars 1873 punit d'un emprisonnement, avec travail forcé, de six mois à cinq ans pour chaque délit, ou d'une amende de 100 à 2,000 dollars, la distribution, la vente, le colportage et l'annonce de toutes publications obscènes par dessins ou impressions.

§ 2. *Offenses envers les chefs d'État et agents diplomatiques étrangers.*

143. — Le mot *offense* a été employé dès 1819 pour désigner l'outrage au chef de l'Etat. Voici comment M. de Broglie expliquait, devant la commission, l'origine de cette expression. « On a pensé qu'il y avait des êtres individuels et collectifs, placés si haut dans le respect des hommes, que le trait le plus empoisonné, bien que lancé contre eux, ne peut les atteindre ; quoiqu'on publie à leur sujet, peu importe en ce qui les concerne personnellement ; il y a délit, mais il n'y a pas dommage ; il y a un criminel, mais il ne peut pas y avoir de victime. Voilà un délit particulier que le mot *offense* caractérise d'une manière parfaite. »

L'art. 26 de la loi du 29 juillet 1881 emploie les mêmes expressions : « L'offense au président de la Ré-

---

[1] États-Unis, acte du 3 mars 1873. *Annuaire de Législation étrangère*, 1874. p. 493. — Angleterre : Cucheval-Clarigny : *Le régime légal de la presse en Angleterre.*

publique par l'un des moyens énoncés dans l'art, 23 et dans l'art. 28 est puni. »

144. — De ce que la loi a employé le mot *offense* écrit dans la législation de 1815, il résulte que la jurisprudence antérieure, d'après laquelle il pouvait y avoir offense sans que l'imputation contînt ni une diffamation, ni une injure, doit encore être appliquée [1].

La publicité forme d'ailleurs l'élément essentiel du délit en cette matière, et le législateur a pris soin d'ailleurs de dire qu'il entendait punir non-seulement l'offense par la parole ou les écrits, mais encore l'offense commise par des dessins et gravures inconvenantes.

145. — Sous la législation précédente, l'offense au Parlement était punie de peines particulières. Mais le législateur de 1881, n'a pas conservé cette disposition, il y avait là, a-t-il pensé, un délit exclusivement politique. Aujourd'hui l'offense aux Chambres n'est punie d'aucune peine.

146. — Au contraire, l'offense à l'égard des souverains étrangers est punie par l'art. 36, comme elle l'était sous l'empire de la loi de 1819. Cette disposition s'applique aux chefs de tous les gouvernements légalement reconnus par la France.

Le souverain déchu, le chef d'Etat dont les pouvoirs sont expirés ne peut, évidemment, invoquer une disposition qui ne le concerne plus.

§ 3. *Publication de fausses nouvelles.*

147. — Au nombre des délits contre la chose publique figure la publication de fausses nouvelles.

---

[1] **Cass. crim., 4 mars 1831. aff. de la Quotidienne.**

L'art. 26, qui prévoit ce cas, reproduit à peu près textuellement les dispositions de la loi de 1819. Mais deux conditions sont exigées pour que la publication de fausses nouvelles soit *punissable* ; il faut qu'elle soit faite de mauvaise foi et qu'elle soit de nature à troubler la paix publique.

148. — Le code pénal atteint déjà la fausse nouvelle (faits faux ou calomnieux) dans ses articles 419 et 420, lorsqu'elle détermine une hausse ou une baisse sur les marchandises ou les effets publics.

Le décret du 2 février 1852 (art. 40) prévoit également la fausse nouvelle qui aide à surprendre ou à détourner les suffrages électoraux, ou bien encore lorsqu'elle détermine des abstentions.

Enfin, en se renfermant dans le cercle des faits purement privés, le code civil (art. 1149, 1150, 1151 et 1382) autorise les personnes lésées par la publication de la fausse nouvelle à réclamer des dommages-intérêts.

149. — Ce délit de fausse nouvelle semble devoir disparaître d'une bonne loi sur la presse, car, dans les conditions où la presse fonctionne actuellement, il ne peut y avoir de fausse nouvelle qui ne soit immédiatement démentie. Le délit de fausse nouvelle est d'ailleurs encore un de ces délits élastiques qui laissent la porte ouverte à l'arbitraire des poursuites et des condamnations ; ce n'est pas à l'autorité qu'il appartient de faire justice des fausses nouvelles répandues, c'est le public seul qui doit se défendre, par son discernement, contre les fausses nouvelles, et il prendra cette habitude d'autant plus vite qu'il saura n'avoir pas à compter sur le gouvernement pour le garantir contre ses trop grandes crédulités.

150. — La reproduction est mise sur la même

ligne que la publication de nouvelles fausses. Deux peines ont été édictées par la loi : l'emprisonnement d'un mois à un an, et l'amende de 50 fr. à 100 fr.; elles peuvent être prononcées séparément ou cumulativement.

151. — Pour qu'il y ait délit, la loi exige que la publication ait été faite de mauvaise foi et qu'elle ait troublé la paix publique.

Mais comment arrivera-t-on à prouver que les deux conditions sont réunies ? Comme l'a dit M. Jules Simon à la tribune : « L'adversaire politique sera toujours de mauvaise foi, et l'ami politique sera toujours de bonne foi ou presque toujours. Qu'est-ce qu'un trouble ? est-ce qu'un carreau brisé sera un trouble ; un soufflet donné, une querelle dans un café ? ou bien faudra-t-il un trouble sur la voie publique ? » Il y a là des questions fort délicates qui sont laissées à l'appréciation du jury, mais il est évident que le trouble devra avoir eu un certain caractère de gravité pour donner lieu à l'application de la loi, il faudra de plus qu'il soit bien le résultat de la publication de fausses nouvelles. La mauvaise foi existera s'il y avait intention de nuire.

152. — Les pièces falsifiées ou fabriquées sont mises sur la même ligne que les fausses nouvelles. Quant aux tiers auxquels les pièces en question sont attribuées, ils conservent le droit de se plaindre en vertu de l'art. 1382 du code civil, ceci résulte d'un échange d'observation entre M. Lelièvre et M. Lisbonne, lors de la discussion de la loi.

153. — Ainsi que nous venons de le voir dans les trois paragraphes ci-dessus, la loi de 1881 ne prévoit d'une façon expresse que trois délits contre la chose publique : l'offense contre le chef de l'État, et les chefs d'États étrangers, l'attaque aux bonnes mœurs, la publication de fausses nouvelles. Les délits que la législation antérieure qualifiait d'excitation à la haine et au mépris du gouvernement (art. 4 du décret du 11 août 1848), et d'attaque à la constitution, au principe de la souveraineté du peuple et du suffrage universel (art. 1er du décret du 11 août 1848 et art. 1er de la loi du 29 décembre 1875) n'existent plus sous l'empire de la loi du 29 juillet 1881. « Haïr n'est pas un délit, disait M. Lisbonne dans son rapport ; mépriser encore moins ; comment l'excitation à l'un ou l'autre de ces sentiments pourrait-elle être délictueuse ? » Et plus loin, M. Lisbonne disait encore : « La perfectibilité de la Constitution rend l'attaque inutile, puisque la discusssion suffit. Quant à la souveraineté du peuple et du suffrage universel, ces deux principes sont aujourd'hui tellement enracinés dans les mœurs politiques, tellement immuables, que leur existence n'a à redouter ni la discussion ni l'attaque. »

CHAPITRE IV

DÉLITS CONTRE LES PERSONNES

154. — Bien que prévues par les lois spéciales sur la presse, la diffamation et l'injure ont toujours été considérées comme des délits de droit commun.

Le rapporteur de la loi de 1881 l'a très nettement établi devant la chambre des députés. « La loi générale, a-t-il dit, réprimait déjà, dans une certaine mesure, et dans certaines conditions, l'abus de la parole ou de la presse commis au détriment des personnes ; par exemple, les articles 222 et suivants du code pénal, si l'abus intéressait une catégorie déterminée de fonctionnaires publics, les articles 367 et suivants, ainsi que les articles 471, 474, du même code, si les intéressés étaient de simples particuliers, et 5 § 5, de la loi du 25 mai 1838 sur les justices de paix, qui réglait un point de juridiction. »

155. — Ces diverses dispositions ne suffisaient pas à protéger les citoyens contre les écarts de la presse ou de la parole. En effet, l'article 222 du code pénal ne prévoyait que le cas où un magistrat de l'ordre administratif ou judiciaire ou bien un juré avait reçu, dans l'exercice de ses fonctions ou à l'occasion de cet exercice, quelque outrage par paroles, par écrit, ou dessin non rendus publics, tendant à inculper leur honneur ou leur délicatesse.

Le délit s'aggravait, aux termes du § 2 de cet article, si l'outrage avait eu lieu à l'audience d'une cour ou d'un tribunal. Il devenait public dans ce cas là ; la publicité de l'outrage ajoutait à la gravité du délit. L'article 223 était relatif à l'outrage par gestes ou menaces commis envers les mêmes personnes, dans les mêmes conditions. L'article 224 punissait l'outrage fait par paroles, gestes ou menaces, à tout officier ministériel ou agent dépositaire de l'autorité publique, ou à tout citoyen chargé d'un service public, dans l'exercice ou à l'occasion de l'exercice de ses fonctions. L'article 226 prévoyait l'outrage qui était, dans les mêmes circonstances, dirigé contre un commandant de la force publique.

156. — Il n'était question, dans ces dispositions, que de l'outrage par écrit non public, ou de l'outrage par paroles, gestes ou menaces, public ou non public, tendant à inculper l'honneur ou la délicatesse de personnes désignées et reçu par elles dans l'exercice ou à l'occasion de l'exercice de leurs fonctions. Les articles 222 et surtout 223, 224 et 225 supposaient la présence de la personne insultée.

Si l'outrage, l'injure ou la diffamation, avaient été commis en dehors de l'exercice des fonctions ou dans toute autre occasion, s'il s'agissait d'un outrage, d'une injure, d'une diffamation par écrit, par dessins rendus publics, ou ne rentrant pas dans la catégorie des outrages, des injures, des diffamations qui inculpaient l'honneur ou la délicatesse, les articles 222, 223, 224 et 225 n'étaient pas applicables.

157. — Quant aux articles 367, 368, 369, 370, 371, 372, abrogés par l'article 26 de la loi du 17 mai 1819, ils n'étaient pas moins insuffisants. En effet, l'article

367, qui punissait le délit de calomnie, n'était relatif
qu'à l'imputacion de faits qui, s'ils étaient vrais, expo-
saient la personne à qui ils étaient reprochés à des
poursuites criminelles ou correctionnelles, ou l'expo-
saient au mépris ou à la haine des citoyens.

158. — La calomnie suppose la vérité de l'imputation.
La diffamation existe, que le fait imputé soit vrai ou faux ;
elle est punissable en principe, parce qu'elle suppose, de la
part de l'auteur de l'imputation, l'intention de nuire à la
personne diffamée. « Un seul point disait M. de Serres
dans l'exposé des motifs des articles de la loi 1819 relatifs aux délits contre les personnes, un seul point
nous paraît exiger quelque observation particulière,
c'est la substitution du mot *diffamation* au mot *calomnie*, jusqu'ici employé par nos lois. Les motifs qui nous
y ont déterminé sont simples. Le terme de calomnie, dans
son sens vulgaire, qu'il est impossible d'effacer dans
l'esprit des hommes, emporte avec soi l'idée de la fausseté des faits imputés. Une publication n'est donc réellement calomnieuse que lorsque les faits qu'elle contient
sont faux. Cependant tous les législateurs ont senti qu'il
est impossible d'autoriser tout individu à publier, sur le
compte d'un autre, des faits dont la publication cause-
rait à ce dernier un dommage réel, fussent-ils d'ailleurs
vrais. Pour remédier à cet inconvénient, ils ont attribué
au mot calomnie un sens légal autre que son sens naturel et vulgaire, en déclarant que quiconque ne pourrait
fournir, par actes authentiques, la preuve légale des
faits par lui attribués à autrui serait réputé calomniateur ; mais comme en attribuant aux mots un certain
sens, on ne change pas celui qu'ils ont réellement
dans le langage, il est souvent résulté de là, entre la
loi et l'opinion, entre le droit et le fait, une dis-
cordance fâcheuse. La substitution du mot diffamation au mot calomnie fait disparaître, du moins en
partie, cet embarras. La diffamation n'implique pas né-

cessairement la fausseté des faits, elle dénote d'une part l'intention de nuire, de l'autre le dommage causé. Ainsi, aux termes de la définition contenue dans l'article, une publication, qu'il y aurait une sorte de contre-sens à déclarer calomnieuse, pourra fort bien et très justement être condamnée comme diffamatoire. »

L'article 368 du code pénal admettait bien comme motif d'absolution la vérité de l'imputation ; mais cette vérité ne pouvait résulter que de la preuve légale, c'est-à-dire, celle qui résulterait d'un jugement ou de tout autre acte authentique (art. 370). Cette disposition était trop large et trop restrictive à la fois : trop large quand l'auteur de l'imputation avait agi non dans un intérêt public, mais dans l'intérêt exclusif de ses rancunes et de ses passions ; trop restrictive, au contraire, quand l'imputation était dirigée contre un fonctionnaire public et avait pour but ou pour résultat de dévoiler des faits d'infidèle gestion.

159. — Si la loi du 17 mai 1819, à laquelle le législateur de 1881 a emprunté la définition de ce délit, en indique les caractères constitutifs, on trouve l'expression de *diffamation* dans la législation antérieure, dans les articles 44 et 73 du décret du 15 novembre 1811, relatif au régime universitaire. Elle figure aussi dans notre ancienne jurisprudence et dans un projet de loi de l'an V. Elle y est employée à peu près dans le même sens que lui attribue l'article 13 de la loi du 17 mai 1819. « Diffamation, disait Dareau[1], c'est l'action de diffamer quelqu'un, de porter atteinte à son honneur et à sa réputation. Elle peut s'exercer de différentes manières par des propos, par des écrits, par des peintures. La médisance et la calomnie peuvent être l'une et l'autre la

---

[1] Dareau a publié, en 1775, un *Traité des injures dans l'ordre judiciaire*.

base de la diffamation, car on peut nuire à quelqu'un en publiant le mal qu'on sait comme en publiant celui qu'on imagine. »

160. — L'art. 369 du code pénal était inutile. Quant à l'article 370, il restreignait, ainsi que nous venons de le voir, les moyens de prouver la vérité de l'imputation diffamatoire, même alors qu'elle était dirigée contre des fonctionnaires publics, à raison d'actes de leurs fonctions. L'article 371 était la conséquence de l'article 370. L'article 372 était reproduit par l'article 25 de la loi du 26 mai 1819. Les articles 373 et 374 n'étaient relatifs qu'à la dénonciation calomnieuse ; ils supposaient : 1° le fait d'une dénonciation écrite, régulièrement et directement adressée aux officiers de justice et de police administrative ou judiciaire ; 2° une décision définitive constatant la fausseté de la dénonciation. Il ne s'agissait plus là d'outrage, d'injure, de diffamation.

Quant aux articles 375 et 376 du code pénal, ils étaient relatifs aux injures que punissait aussi l'article 471 du même code. La loi du 17 mai 1819 les avait plutôt remplacés par les articles 19 et 20 qu'elle ne les avait abrogés par l'article 26. Ces dispositions, déjà maintenues par la loi du 17 mai 1819, sont conservées par la loi du 29 juillet 1881. La loi nouvelle en accepte le principe, mais elle en simplifie le système en réunissant les classifications.

161. — Enfin, en ce qui concerne l'article 5 de la loi du 25 mai 1838, sur les justices de paix, cette disposition ne règle que l'action civile et lorsqu'il s'agit du fait de diffamation verbale seulement, ou lorsqu'il s'agit d'injures publiques ou non publiques, verbales ou par écrit, mais autrement que par la voie de la presse. Il est manifeste que cette disposition toute juridictionnelle ne touche qu'un côté très restreint de la question.

162. — Ce qui prédède justifie la nécessité juridique de pourvoir à la répression de la diffamation et de l'injure, nécessité à laquelle ni les articles 367,368,369,370, 371, 372, 375 et 471 du code pénal, ni l'article 5 de la loi du 25 mai 1838 sur les justices de paix, qui n'est qu'une application spéciale et réduite de l'article 1382 du code civil, n'avaient donné satisfaction. Les articles 29 et suivants de la loi du 29 juillet 1881 ont pour objet de combler cette lacune.

163. — C'est, comme on le voit, la loi du 17 mai 1819 qui, la première en France, a prévu et puni ces délits. L'art. 29 de la loi de 1881 a conservé la définition écrite dans l'art. 13 de la loi de 1819, du moins en ce qui concerne la diffamation, c'est « toute allégation ou imputation d'un fait qui porte atteinte à l'honneur ou à la considération de la personne ou du corps auquel le fait est imputé. »

De ce qui vient d'être dit, il résulte que la juriprudence établie sur l'art. 13 de la loi du 17 mai 1819 conserve aujourd'hui encore son autorité.

SECTION I. — DE LA DIFFAMATION

164. — La diffamation se compose de deux éléments : 1° l'allégation ou l'imputation d'un fait de nature à porter atteinte à l'honneur et à la considération : 2° la publicité déterminée par la loi [1].

L'allégation consiste à rapporter un fait sur les rapports d'une seule personne, l'imputation contient l'affirmation de choses dont soi-même on ne doute pas.

---

[1] La loi veut que les propos diffamatoires aient été *proférés* c'est-à-dire prononcés à haute et intelligible voix ; il ne suffirait pas qu'ils eussent été simplement *tenus* dans les lieux ou réunions publics. En ce sens cass. crim. 5 août 1882, *France judiciaire* vii, 2, 12.

Le fait allégué peut être vrai ou faux, mais il doit être précis. Une simple qualification injurieuse comme celle de voleur ou assassin constituerait une injure et non une diffamation [1].

165. — L'imputation doit porter atteinte à l'honneur c'est-à-dire à la probité, à la loyauté. La loi ajoute encore : « à la considération. » Cette dernière expression s'entend particulièrement de l'estime que chacun peut avoir acquis dans la profession qu'il exerce.

C'est par exemple diffamer que d'affirmer que le directeur d'un établissement financier s'est emparé d'une somme considérable au profit d'une puissance étrangère, afin que celle-ci fasse la guerre à la France [2]. Imputer à quelqu'un un délit, même de minime importance, comme un délit de chasse par exemple [3], c'est encore commettre une diffamation.

Il faut de plus que la personne diffamée ait été désignée ; la seule difficulté est de savoir quand cette désignation est suffisante. La jurisprudence décide que la personne diffamée n'a pas besoin d'être nommée, pourvu qu'il n'y ait aucun doute sur l'intention de l'auteur de la diffamation.

Enfin, l'intention méchante et la publicité sont des éléments nécessaires de la diffamation. L'intention est souverainement appréciée par les juges du fait [4].

166. — Les lois précédentes avaient réprimé avec une sévérité particulière la diffamation s'adressant aux corps constitués. (L. 1819. art. 16. L. 1822. art. 5). Dans ce cas, en effet, elle présente une gravité toute particulière.

---

[1] Crim., rej. 8 juillet 1843 et 7 mai 1880.

[2] Trib. de Loudun. 5 novembre 1881, *France judiciaire*, VI, 2.

[3] En ce sens un arrêt de cassation du 4 août 1865.

[4] Crim., 18 juillet 1851, D. 51, 5, 416. — 5 août 1882, *France judiciaire*, VII, 2, 12.

Lors de la discussion de la loi du 29 juillet 1881, MM. Clémenceau et Lockroy se sont élevés contre la disposition du projet tendant à conserver la législation ancienne. Au sénat, M. Jules Simon a également combattu le projet. « Je crois absolument nécessaire, a-t-il dit, que celui qui entreprend, dans un article, de juger la conduite d'un homme politique le puisse faire en toute liberté ; je ne dis pas en toute sécurité, car il peut très bien arriver que l'écrivain ait l'intention de courir un danger ». Il ajoutait que l'écrivain ne saurait jamais le danger qu'il coure si la loi se bornait à lui interdire « un acte qui puisse porter atteinte à son honneur et à sa considération. » Il concluait enfin en réclamant la définition des actes défendus à l'écrivain.

Mais cette théorie a été rejetée, et les art. 30 et 31 de la loi punissent de peines spéciales la diffamation envers les corps constitués.

167. — On entend par corps constitués ceux auxquels la Constitution ou les lois organiques ont attribué une partie de la puissance et de l'administration publique. Ainsi, le sénat, la chambre des députés, le conseil d'État, les conseils généraux, les conseils d'arrondissements, les conseils municipaux, les conseils de l'instruction publique sont des corps constitués.

Les administrations publiques mentionnées par la loi sont la réunion des fonctionnaires chargés de subvenir aux services publics légalement organisés. Par exemple les diverses administrations du trésor, (enregistrement, douanes, contributions directes), celles des établissements publics et d'utilité publique.

On ne saurait considérer, comme corps constitués ni comme administration, une chambre de notaires, une compagnie d'agents d'affaires.

168. — La loi nouvelle a omis de reproduire le mot « autorités » écrit dans la loi de 1822 ; la circulaire du ministre de la justice remarque que ce mot eût fait double emploi avec la constitution et les administrations publiques.

Mais le législateur a, au contraire, prévu expressément la diffamation aux cours et tribunaux. L'expression *cours* comprend à la fois la cour de cassation, la cour des comptes, et les cours d'appel.

169. — Il en est de même de la diffamation aux armées de terre et de mer, qui n'était pas prévue par la législation antérieure. Aujourd'hui, le délit existe quand la diffamation s'adresse à une partie des officiers de l'armée, ou à l'armée en général.

170. — L'art. 30 punit la diffamation, dans ces diverses hypothèses, d'un emprisonnement de huit jours à un an et d'une amende de 100 fr. à 3000 fr. ou de l'une des deux peines seulement.

171. — Les mêmes peines sont appliquées par l'art. 31 à la diffamation commise envers les personnes revêtues d'un caractère public.

On entend par personnes revêtues d'un caractère public, les mêmes personnes qui étaient qualifiées « dépositaires ou agents de la force publique » par la loi de 1822. On peut citer par exemple : les gendarmes, les agents de police, garde-champêtres, huissiers.

Mais on ne pourrait accorder cette qualité au directeur d'un établissement de mendicité [1], aux membres de la commission administrative d'un hospice [2], au gouverneur ou au sous-gouverneur du Crédit foncier [3]. Ces

---

[1] Bordeaux, 20 mars 51. D. 53, 2, 159.
[2] Cass., crim., 27 nov. 1840.
[3] Trib. de Loudun, 6 nov. 1881.

diverses personnes gèrent en effet des intérêts privés, et ne sont en aucune façon dépositaires de l'autorité publique.

La diffamation envers les ministres des cultes, envers les citoyens chargés temporairement d'un mandat ou service public, est réglée par le même article.

Enfin les membres du ministère ou du parlement sont aussi protégés par ces dispositions.

172. — On peut se demander s'il en est ainsi des candidats à la députation ? M. Trarieux, à la chambre des députés, et M. Bozérian au sénat, avaient proposé de comprendre dans l'art. 31, « le candidat à une fonction élective. » Mais cet amendement a été rejeté sur l'observation faite qu'en ce qui concerne un candidat aux fonctions électives, il serait impossible de distinguer, comme on peut le faire pour le fonctionnaire public, les actes qui appartiennent à la vie privée de ceux qui sont relatifs aux fonctions.

Aujourd'hui, les candidats sont régis par le droit commun. La cour suprême déclare « que si les électeurs ont le droit de discuter les candidats, leurs opinions et leurs actes, ce droit ne peut aller jusqu'à la diffamation et qu'il s'arrête là où le délit commence ; » on ne peut qu'applaudir à cette doctrine[1].

173. — Il faut remarquer d'ailleurs que l'art. 31 s'applique à la fonction bien plutôt qu'au fonctionnaire. C'est en effet à raison de leurs fonctions, aux termes de la loi, que les citoyens ont dû être diffamés.

174. — La loi de 1819 faisait au point de vue de la pénalité encourue une grande différence entre la diffamation commise envers le particulier et celle qui atteignait

---

[1] Cass. 10 nov. 1856.

les personnes publiques. L'art. 32 de la loi nouvelle a diminué ces pénalités ; il dispose en ces termes : « la diffamation, commise envers les particuliers par l'un des moyens énoncés en l'art. 23 et l'art. 28, sera punie d'un emprisonnement de cinq jours à six mois et d'une amende de 25 à 2000 fr. ou de l'une de ces deux peines seulement.

SECTION II. — *De l'injure.*

175. — L'injure est définie par la loi : « toute expression outrageante, terme de mépris ou invective, qui ne renferme l'imputation d'aucun fait. »

L'injure présente trois caractères : une expression de mépris, même ne renfermant pas l'imputation d'un fait ou vice déterminé, l'intention de nuire et la publicité.

La loi de 1819 exigeait l'imputation d'un vice déterminé, ce qui donnait lieu, en jurisprudence, à d'assez grandes difficultés ; aujourd'hui, l'injure existe encore bien qu'il n'y ait pas imputation d'un vice déterminé, il suffit qu'on ait constaté une parole ou terme de mépris à l'égard d'un individu.

Il y a néanmoins encore, aux termes de l'art. 33 de la loi de 1881, deux sortes d'injures : l'une punie de peines élevées, l'autre des peines de simple police ; mais, pour les distinguer, le législateur ne se préoccupe plus que de la publicité. L'injure non publique est moins grave, cela apparaît de soi, aussi n'est-elle punie que des peines prévues par l'art. 471 du code pénal.

« Nous avons fait disparaître, en fait d'injure, a dit le rapporteur de la loi, toutes distinctions entre l'injure qui renferme l'imputation d'un vice déterminé et celle qui ne la renferme pas. La seule différence que nous avons voulu établir en fait d'injure, c'est celle résultant de la publicité. Nous avons admis, en matière d'injure commise envers les particuliers, l'excuse de la provocation, même alors que l'injure serait publique ; la législation antérieure n'admettait cette excuse que lorsque l'injure n'était pas publique (art. 471). La publicité de la provocation nous a paru compenser la publicité de l'injure ; enfin l'injure non publique, sans autre distinction, n'est punie que des peines de simple police, prévues par l'article 471, n° 11, du code pénal. »

176. — Ce passage de l'exposé des motifs indique de plus, que le législateur a admis, contre le délit d'injure, une véritable excuse ; la provocation.

La provocation est une cause d'excuse que l'injure ait été publique ou non. L'injure commise envers les particuliers, dit la loi, laquelle n'aura pas été précédée d'une provocation sera punie d'un emprisonnement de cinq jours à deux mois et d'une amende de 16 fr. à 300 fr. ou de l'une des deux peines seulement. Si l'injure n'est pas publique, elle ne sera punie que de lá peine prévue par l'art. 471 du code pénal.

Mais en quoi peut consister la provocation ? Ni la loi, ni les travaux préparatoires ne l'indiquent. C'est donc à la sagesse des tribunaux qu'il appartiendra, d'après les circonstances de la cause, de décider quand cette excuse devra être admise.

177. — Le législateur de 1881 a conservé la distinction établie par les lois précédentes entre l'injure faite aux particuliers et celle qui s'adresse aux personnes publiques[1]. Le § 1 de l'art. 33 édicte, à l'égard de cette dernière catégorie d'injures, des peines plus élevées : cinq jours à six mois de prison, et 25 fr. à 2000 fr. d'amende avec faculté de cumul.

Il faut remarquer que la provocation n'est pas une

---

[1] Ces personnes publiques sont celles là même qui ont été énumérées lors de l'examen des art. 30 et 31, plus haut n° 171.

cause d'excuse, lorsque l'injure s'adresse à une personne publique ou à un corps constitué [1].

178. — L'article 34 de la loi contient des dispositions spéciales aux *diffamations ou injures dirigées contre la mémoire des morts*. Le projet de loi et le rapport à la chambre des députés n'avaient pas abordé cette question qui est, cependant, une de celles qui a provoqué jusqu'en ces derniers temps, les plus vives controverses. En effet, tandis que la cour de cassation admettait le droit des héritiers de poursuivre la diffamation s'adressant à leur auteur [2], les cours et tribunaux protestaient contre cette interprétation de la loi que condamnait également la majorité des auteurs [3].

Aussi le sénat a-t-il senti la nécessité de donner à la question une solution législative.

179. — Le système proposé par le sénat, et qui a passé dans la loi, présente en quelque sorte un caractère transactionnel. La diffamation ou l'injure envers les morts ne peuvent être poursuivis que « dans le cas où elles se sont produites avec l'intention de nuire à l'honneur ou à la considération des héritiers vivants. »

C'est qu'en effet, le droit de relever la diffamation est un droit essentiellement personnel qui n'appartient qu'au diffamé lui-même, et il est difficile d'admettre qu'un droit de cette nature puisse être transmis aux héritiers. Avec la restriction écrite dans la loi de 1881, le droit de poursuite reste bien personnel, puisqu'il ne

---

[1] Trib. de Corbeil. 26 oct. 1881. S. 82, 2, 94.

[2] Cass., 5 juin 1869 et 24 mai 1879. Voir en outre un arrêt de la cour de Paris du 7 décembre 1878 (*France Judiciaire* iii, 2, 137, et la note qui résume la jurisprudence antérieure sur cette question.)

[3] Chassan, t. I, p. 350. de Grattier, t. I, p. 167.

s'exerce qu'au cas où il y a atteinte à l'honneur des héritiers eux-mêmes.

Le législateur a entendu punir aussi bien la diffamation que l'injure, il le dit expressément dans l'art. 34, aucune discussion n'est possible sur ce point. En vain prétend-on qu'en exigeant que ces diffamations et injures portent atteinte à l'honneur et à la considération des héritiers, la loi n'a eu en vue que la diffamation, car l'injure, suivant la définition donné à l'art. 29, ne porte pas atteinte à l'honneur et à la considération. Cet argument serait sans force devant le mot *injure* répété par deux fois dans l'article. La disposition de l'art. 34 n'a pas eu pour objet de définir la diffamation et l'injure ; les expressions en question qui visent principalement la diffamation, sont peut être surabondantes, mais elles ne changent en aucune façon le sens de la loi.

180. — Si la diffamation, tout en causant un préjudice aux héritiers, n'avait pas été inspirée par le mobile dont il est question à l'art. 34, les héritiers n'en auraient pas moins la possibilité d'exercer une action en dommages intérêts en vertu du droit commun pour réparation du préjudice qu'ils auraient subi.

Bien entendu, il n'y aurait pas même d'action civile si la diffamation ou l'injure ne portait pas préjudice aux héritiers eux-mêmes, mais seulement à la mémoire du mort. La pensée certaine de la commission du sénat a été que la loi s'adressât non pas à des ombres, mais bien à des personnes réelles.

Le rapport additionnel de M. Lisbonne dit, il est vrai, que « la répression pénale seule est déniée par le texte nouveau, et non pas la réparation qui prend sa source dans la simple faute ou le préjudice causé, abstraction faite de toute intention criminelle ; » mais, si ce passage admet l'action civile quand il n'y a pas intention, comme nous l'avons dit plus haut, il ne s'en suit pas qu'il l'admette quand les héritiers ne sont pas atteints.

Il résulte du même principe que l'action appartient à celui des héritiers auquel le préjudice a été causé.

La preuve que le diffamateur a eu l'intention d'atteindre les héritiers incombe à ceux d'entre eux qui le poursuivent. Dans toute action en diffamation, en effet, quel que soit le diffamé, il faut avant tout établir l'intention de nuire chez le délinquant.

181. — Quelles seront les peines applicables au cas ou la répression pénale est admise ? L'art. 34 renvoie aux articles 29, 30 et 31. C'est évidemment là une erreur, car l'art. 29 ne contient que les définitions de l'injure et de la diffamation sans prescrire aucune peine. L'art. 30 parle de la diffamation envers des êtres moraux (cours, tribunaux etc.,) qui ne peuvent mourir ni laisser d'héritiers ; seul l'article 31 s'applique à de simples citoyens et prescrit des peines particulières.

Il y a donc une erreur de renvoi, erreur qui s'explique par les modifications survenues dans le numérotage des articles du projet.

Pour y suppléer, il faut rechercher quelle a été l'intention du législateur. Il a voulu évidemment renvoyer aux peines édictées par lui contre la diffamation et l'injure. Or, ces peines sont écrites dans les art. 31, 32 et 33 de la loi.

182. — L'art. 34 de la loi de 1881 ne s'est pas expliqué sur l'action résultant d'injures ou de diffamations commises du vivant du défunt et non poursuivies par lui. Il est évident que l'esprit de la loi est de considérer cette action comme éteinte, au civil comme au criminel. C'est d'ailleurs ce que l'on décidait déjà sous l'ancienne législation, interprétant avec raison le silence du défunt comme une remise de l'injure ; et cela, même dans le cas où le défunt aurait ignoré l'injure jusqu'à sa mort, car personne n'a qualité, après lui, pour suppléer à sa volonté.

Dans le cas où le défunt aurait intenté l'action de son vivant, elle pourrait être reprise par ses héritiers, cette action faisant partie de l'hérédité [1].

182. — La partie finale de l'art. 34 ouvre de plus aux héritiers le droit de réponse prévu par l'art. 13 [2]. D'après nous, ce droit de réponse est général, il peut s'exercer alors même qu'il n'y a pas eu intention de nuire, à la différence de l'action pénale, et chaque parent atteint par l'injure ou la diffamation peut en faire usage.

SECTION III. — INFLUENCE DE LA VÉRITÉ DES PROPOS DIFFAMATOIRES.

184. — L'art. 35 de la loi du 27 juillet 1881 renferme trois dispositions, liées intimement les unes aux autres, qui règlent une des questions les plus importantes de la matière ; la preuve de la vérité de l'imputation.

La question n'a d'intérêt que s'il s'agit de diffamation, non d'injure ou d'outrage. L'injure ne renferme pas, de sa nature, l'imputation d'un fait précis ; il n'y a, dans ce cas, rien à prouver que l'injure elle-même. L'outrage a, avec l'injure, la plus grande ressemblance ; mais il est plus grave et suppose une sorte de violence dans l'acte ou dans l'expression. La vérité du fait auquel il ferait allusion ne supprime pas entièrement le délit, comme la vérité du fait, en matière de diffamation, doit le faire. Reste la diffamation proprement dite ; c'est en cette matière que la question se pose et qu'elle doit être résolue.

Le législateur de 1881 a accepté le système adopté

---

[1] En ce sens, un arrêt de Montpellier du 22 décembre 1835.
[2] Voir plus haut n°s 61 et suivants.

par la loi du 26 mai 1819 [1], avec quelques modifications.

185. — Dans ce système, la preuve de la vérité des faits diffamatoires est admise lorsque la diffamation est commise envers les corps constitués ou les citoyens qui exercent des fonctions publiques ou qui ont agi dans un caractère public. Elle est, au contraire, refusée, hormis dans certains cas fort restreints, quand la diffamation est commise envers des particuliers.

C'est l'admissibilité de la preuve dans cette dernière hypothèse qui seule a fait difficulté à toutes les époques. La question préoccupa vivement l'auteur de l'exposé des motifs de la loi du 26 mai 1819. M. de Serres, ne se dissimulait pas tout ce que l'interdiction de faire la preuve avait d'étroit et d'anormal. « Le système de la preuve, dit l'exposé des motifs, est, dans le vrai, le seul qui soit capable de satisfaire pleinement l'honnête homme calomnié. Le calomniateur, prié inutilement de prouver ses imputations, n'a plus la ressource de ces subterfuges ordinaires. Il ne peut plus dire qu'il a cédé trop inconsidérément à la force de la vérité, à un juste sentiment d'indignation et que si le jugement devait dépendre de l'exactitude des faits, il lui serait facile de montrer son innocence en prouvant beaucoup plus devant les juges qu'il n'a avancé contre la partie qui le poursuit. Il ne peut alléguer mille présomptions dont la malignité ne manque jamais de s'emparer et de faire son profit. En un mot, forcé dans son dernier retranchement, la justice éclatante et non équivoque de sa con-

---

[1] On sait que les articles 20, 21, 22, 23 et 24 de cette loi furent abrogés par l'article 18 de la loi du 25 mars 1822, remis en vigueur par celle du 27 juillet 1849, abrogés de nouveau par le décret du 17 février 1852, rétablis par l'article 3 de la loi du 15 avril 1871 et maintenus par l'article 6 de la loi du 29 décembre 1875.

damnation répare entièrement l'honneur de l'offensé, au lieu d'y ajouter une nouvelle atteinte, comme il arrive dans ces sortes de cause... Avouons-le, continue l'auteur de l'exposé des motifs, ce système suppose des mœurs plus fortes, plus mâles, de véritables mœurs publiques enfin. Mais serait-il accueilli par un peuple doué d'une susceptibilité jalouse sur tout ce qui touche à l'honneur et à la considération, par un peuple qui aime la liberté mais qui abhorre le scandale ? Supporterions-nous l'idée de mettre au jour notre vie privée, de dévoiler nos relations les plus intimes, souvent nos plaies les plus douloureuses et les plus secrètes, à la première parole offensive ? Ne verrions-nous pas là un appât présenté à la médisance, une arène ouverte à la licence et à la malignité ? Telle est la crainte qui nous a déterminé à vous proposer d'interdire la preuve. »

186. — L'art. 34 de la loi du 27 juillet 1881 adopte le même système. Si la faculté de faire la preuve tient au droit de défense, si la preuve testimoniale n'est restreinte qu'en matière civile, si, en matière criminelle, elle doit être la règle générale, il faut cependant reconnaître qu'en matière de diffamation, c'est, au contraire, l'exception qui doit devenir la règle. La raison en est bien simple, c'est que la diffamation à la différence de la calomnie, n'implique pas la fausseté du fait diffamatoire. Or, si, indépendamment de la vérité du fait, la diffamation est un délit, la preuve de la vérité de ce fait ne saurait être autorisée ; ce serait diffamer deux fois que de prouver que le fait diffamatoire est constant.

187. — L'admissibilité de la preuve est tellement anormale, en cette matière délicate, que le code pénal ne l'autorisait que si elle résultait d'un jugement ou d'un acte authentique ; c'était presque l'interdire [1].

Il faut remarquer d'ailleurs que les règles sur l'admissibilité de la preuve ne sont pas spéciales à la législation de tel ou tel peuple, selon que les mœurs y sont plus ou moins vigoureuses et fortes. La législation de l'Angleterre et celle de la Belgique interdisent, comme le faisaient partiellement le code de 1810 et la loi du 26 mai 1819, la preuve des faits diffamatoires quand la diffamation ne concerne que de simples particuliers. C'est pour ces raisons qu'en principe la preuve de la vérité du fait diffamatoire est interdite à l'égard des particuliers, sauf certains cas qui seront examinés plus loin et que, d'après la loi nouvelle, la vérité du fait diffamatoire n'est admise que « dans le cas d'imputation contre les corps constitués, les armées de terre ou de mer, les administrations publiques et contre toutes les personnes énumérées dans l'art. 31. »

188. — La loi a assimilé aux personnes publiques, « les directeurs ou administrateurs de toute entreprise industrielle, commerciale ou financière faisant publiquement appel à l'épargne ou au crédit. » C'est la commission du sénat qui a introduit cet amendement ; il se justifie d'ailleurs sans peine, car ceux qui font appel à l'épargne et au crédit public deviennent pour ainsi dire des personnes publiques ; ils ont d'eux-mêmes livrés leur vie

---

[1] « Dans tout État bien policé, disait Dareau, il n'est nullement permis, comme on peut le penser, aux citoyens de se diffamer les uns les autres. La tranquillité publique exige qu'ils se respectent entre eux ; autrement, l'injure deviendrait la source des excès et des désordres les plus grands. N'importe que la diffamation ait la vérité pour principe ; si, sous prétexte qu'on ne dit que la vérité il était libre de divulguer ce qu'on sait sur le compte d'autrui, ce prétexte donnerait lieu à des discordes et à des haines perpétuelles. » (Merlin. *Répertoire de Jurisprudence*, vº Diffamation. t. IV, page 589).

au public qui a le droit dès lors de rechercher s'ils sont toujours dignes de sa confiance.

L'art. 35, qui, dans son § 2, permet la preuve contre les directeurs et administrateurs de toute entreprise industrielle, commerciale ou financière, ne spécifie pas, comme il le fait dans le § 1er lorsqu'il s'agit des fonctionnaires, si cette permission n'a pour objet que les faits relatifs à leurs fonctions. La discussion de la loi au sénat établit qu'il doit en être de même, et M. Laboulaye a expliqué notamment que les faits dont la preuve serait admise « étaient ceux touchant à la constitution même de la société ; qu'on pourrait dire, par exemple, et être admis à prouver, que le premier versement n'a pas été effectué, ou qu'il est fictif. »

La preuve ne peut d'ailleurs s'appliquer qu'aux faits même qui ont donné lieu à la poursuite en diffamation [1]. La preuve contraire est toujours réservée, qu'il s'agisse de personnes publiques ou de banquiers.

La conséquence de l'admission de cette preuve est ainsi formulée dans la loi : « si la preuve du fait diffamatoire est rapportée, le prévenu sera renvoyé des fins de la plainte. »

189. — L'art. 35 contenait dans sa rédaction primitive un § 2 ainsi conçu : « La vérité du fait diffamatoire pourra être également établie à l'égard de toute personne, lorsque le fait est passible, en le supposant prouvé, d'une peine quelconque et que le prévenu aura été lésé par le fait imputé. » C'était, on le voit, l'abandon du système de la loi de 1819 et l'extension de la preuve à la diffamation à l'égard des particuliers.

M. Bardoux a combattu énergiquement cette disposition : « De toutes les dispositions de la loi sur la presse, a-t-il dit, il en est peu qui aient donné lieu à un débat

---

[1] Cass. 23 juin 1882, aff. Tourné. Contre le journal *La Lanterne*.

plus complet et plus intéressant que celle qui est relative à l'admissibilité de la preuve en cas de diffamation. Ce fut une vraie conquête que celle qui fut faite en 1819. Le code de 1810, vous le savez, ne punissait que la calomnie. M. de Serre crut qu'il était nécessaire de substituer à ce principe un autre : il voulut que, quelle que fût la vérité ou la fausseté du fait, la diffamation fût punie. On supprima le système du code de 1810 et on introduisit le droit nouveau qui nous régit aujourd'hui.

« Une grosse question se posait : celle de savoir si la preuve des faits pourrait être admise vis-à-vis de tous les citoyens. La science était d'accord avec la jurisprudence pour l'écarter.

« Le projet que vous discutez propose une innovation grave. Il n'admet pas en principe, dans l'exposé des motifs, la preuve vis-à-vis de tous, et, pourtant, il l'accepte dans le second paragraphe de notre article. C'est contre ce second paragraphe que je viens essayer de défendre, en peu de mots, les idées qui jusqu'ici ont triomphé au nom du bon sens et de la raison publique.

« Je ne parle pas de l'admissibilité de la preuve des faits diffamatoires, lorsqu'il s'agit de fonctionnaires, d'agents de l'autorité, ou de toute personne qui, à une heure donnée, est déléguée de la puissance publique. L'opinion de la Chambre est faite à cet égard. La commission s'est conformée, dans le paragraphe 1er, à cette opinion. Je m'associe absolument à cette disposition ; mais le second paragraphe, pour moi, ne répond aucunement à la vérité de notre état social.

« On aurait compris que la commission adoptât nettement le système de 1810 ; on aurait compris qu'elle essayât de développer un système logique et se tenant tout d'une pièce. Mais la commission n'a pas voulu cela. Elle a essayé de faire une distinction, et cette distinction ne repose sur aucun principe. Vous allez en être juges.

« La vérité du fait diffamatoire pourrait être établie à l'égard de toute personne, à une double condition : lorsque le fait est passible, en le supposant prouvé, d'une peine quelconque, et que le prévenu aura été lésé par le fait imputé.

« Eh bien, messieurs, je considère que si la Chambre venait à admettre cette disposition, elle jetterait une grande perturbation, non-seulement dans les principes du droit — ce qui pourrait lui être indifférent, — mais dans le repos des familles, et sans bénéfice quelconque pour la liberté de la presse.

« N'est-il pas vrai que cette double condition se réalisera quand le diffamateur le voudra ? Et n'est-ce pas, d'une façon indirecte, faire la brèche la plus profonde dans le célèbre mur de la vie privée que Royer-Collard avait proclamé indestructible, dans les débats de la loi même de 1819 ?

« Lorsque M. de Serre eut à examiner cette question, il se demanda si les mœurs publiques étaient suffisamment mâles et fortes pour qu'on pût admettre la preuve d'un fait diffamatoire concernant la vie privée ; il se demanda si, avec le tempérament de la nation, avec l'éducation que sa littérature et son passé lui avaient donné, il n'y avait pas dans l'amour du scandale de redoutables périls qui devaient interdire cette preuve à tout jamais. « Il conclut résolûment, — lors même que le fait serait punissable par la loi, et que le diffamateur eût été lésé, — il conclut au rejet de la preuve par le diffamateur.

« Depuis cinquante ans, y a-t-il eu dans les caractères et dans l'état social des modifications assez grandes, un relèvement assez notable dans les mœurs publiques pour ne nous puissions porter atteinte à un principe protecteur du repos de la vie intime et fermée ?

« L'intérêt n'existe pas, et le droit ici naît de l'intérêt;

par conséquent, vous ne pouvez pas admettre une dérogation semblable à des traditions que le bon sens a conservées. Vous troubleriez la sécurité des familles.

« Je vous demande de voter mon amendement, qui n'est que la reproduction, à quelques mots près, de la loi de 1819. Cette loi admettait seulement une dérogation lorsqu'il y avait eu dénonciation et poursuites à la requête du ministère public ; un sursis était alors prononcé avant de statuer sur le délit de diffamation. Nous avons substitué à la dénonciation la plainte ; nous trouvons que c'est beaucoup plus équitable, et nous donnons ainsi satisfaction à quelques-unes des observations de M. le rapporteur. »

190. — Nous devons observer ici que la loi de 1881, au point de vue de l'admissibilité de la preuve, ne distingue pas, comme le faisait la législation antérieure, entre la diffamation verbale et la diffamation écrite. Il résulte pour nous de l'esprit de la loi, qu'il convient de ne faire aucune distinction entre ces deux modes de diffamation ; dans les deux cas l'art. 35 est applicable.

191. — La loi de 1881 est encore muette sur le cas où la fausseté d'une imputation diffamatoire se trouve établie par une décision judiciaire. Peut-on admettre, dans ce cas, la preuve du fait imputé au fonctionnaire ou autre personne indiquée dans l'art. 35 ?

Nous estimons qu'alors la possibilité de la preuve doit être écartée [1], afin d'éviter la divergence qui pourrait se produire entre la première décision et celle qui serait rendue sur la plainte en diffamation.

Notre opinion nous paraît d'ailleurs absolument con-

---

[1] Voir en ce sens, un arrêt de cassation du 7 février 1879, reproduit dans la *France judiciaire* III, 2, 247, aff. du président Bastien contre Genella et Allamau.

forme à l'esprit de la nouvelle législation sur la presse, puisque, aux termes de l'art. 35 § 3, « lorsque le fait imputé est l'objet de poursuites commencées à la requête du ministère public, ou d'une plainte de la part du prévenu, il sera, durant l'instruction qui devra avoir lieu, sursis à la poursuite et au jugement du délit de diffamation. »

S'il n'était pas donné suite à la plainte, il n'y aurait pas lieu à sursis ; mais lorsque les conditions exprimées dans la loi sont remplies, le sursis est de droit, s'il est requis par le ministère public ou le prévenu [1].

192. — Une fois la preuve faite, dit l'art. 35, « le prévenu sera renvoyé des fins de la plainte. » Le législateur de 1881 s'est gardé d'ajouter, comme l'avait fait celui de 1819, « sans préjudice des peines prononcés contre toute injure qui ne serait pas nécessairement dépendante des mêmes faits. » D'où cette conséquence, que le juge ne pourra pas disqualifier les faits pour arriver malgré la preuve du fait diffamatoire rapportée, à prononcer une condamnation. L'injure, véritablement indépendante des faits diffamatoires, pourra seule donner lieu à une autre poursuite comme constituant un délit distinct.

193. — Enfin, la preuve des faits imputés pourra-t-elle être faite devant les tribunaux civils par celui qui, aux termes de l'art. 1382 du code civil, réclamerait des dommages-intérêts pour la diffamation dont il a été l'objet ?

Lorsqu'il s'agit de diffamation envers des particuliers, la preuve des faits imputés sera inutile, la diffamation seule devra être établie devant le tribunal civil pour qu'il puisse allouer des dommages-intérêts en réparation

---

[1] Cass. 9 août 1878, S. 79, 1, 286.

du préjudice causé. Mais lorsqu'il s'agit de diffamation envers des fonctionnaires ou autres assimilés, la révélation des faits imputés devient un droit pour le prétendu diffamateur, et celui-ci doit être admis à faire la preuve, aussi bien devant les tribunaux civils que devant la juridiction répressive. Ces tribunaux ne pourraient allouer en effet des dommages-intérêts au fonctionnaire poursuivant qu'autant que la véracité des faits imputés ne serait pas établie. C'est ce qui fait d'ailleurs que, devant la cour d'assises, le plaignant ne peut obtenir de dommages-intérêts que si la vérité du fait imputé n'a pas été prouvée.

CHAPITRE V

PUBLICATIONS INTERDITES, IMMUNITÉS DE LA DÉFENSE.

194. — La liberté de la presse doit, comme toute autre liberté, avoir pour limites le droit d'autrui et le bien général. De là les dispositions restrictives des art. 38, 39 et 40 de la loi du 29 juillet 1881. Ces articles contiennent plusieurs dispositions interdisant de reproduire, dans certains cas, les débats judiciaires, et concernant les immunités de la défense. La publicité des comptes-rendus et des discours parlementaires y est l'objet de prescriptions spéciales.

195. — D'une façon générale, l'art. 38 interdit de publier les *actes d'accusation*, de procédure criminelle ou correctionnelle, avant qu'ils n'aient été lus en audience publique [1].

---

[1] Les rapports de police, quelle que soit leur importance, ne sauraient être assimilés aux actes de procédure criminelle ou correctionnelle, dont l'art. 38 interdit la publication avant qu'ils aient été lus en audience publique. (Trib. de la Seine, 17 août 1882, Lambert, *France judiciaire* VI, 2, 739 et la note).

Cette disposition a été considérée comme une garantie due à ceux qui sont appelés à se défendre devant la justice répressive. En publiant la procédure alors qu'ils ne la connaissent pas eux-mêmes et n'ont pas les moyens d'y répondre, on aurait pu leur causer un préjudice irréparable[1].

196. — La procédure lue en audience publique ne peut d'ailleurs pas toujours être publiée librement. L'article 38 interdit de rendre compte des procès en diffamation; la plainte seule pourra être publiée par le plaignant. C'est la pensée de protéger en même temps le plaignant et le prévenu contre les atteintes d'une bruyante et funeste publicité, qui a fait introduire dans notre législation l'interdiction de rendre compte des procès en diffamation, dans lesquels la preuve des faits diffamatoires n'est pas autorisée. Le plaignant a voulu l'ombre et le silence, sa volonté doit être respectée et l'on ne doit pas faire entendre, au dehors et au loin, le bruit du scandale qu'on n'aura pas évité dans l'enceinte du tribunal.

197. — Des motifs analogues devaient faire établir la faculté d'interdire le *compte-rendu dans les affaires civiles*, sans que le huis clos ait été prononcé, lorsque les cours et tribunaux estiment que le compte-rendu des débats porterait atteinte à la considération des parties ou des tiers. « Cette seconde interdiction se justifie

---

[1] Nous devons faire observer ici que dans les comptes-rendus de débats judiciaires, criminels, correctionnels ou civils, les journalistes doivent éviter d'émettre des appréciations malveillantes portant le plus souvent sur des circonstances de faits étrangers à l'instance. En cas d'infraction à ce sage conseil les journalistes ne pourraient se refuser à insérer une protestation de la personne ainsi atteinte par le compte-rendu de débats judiciaires (C. de Dijon, 29 mars 1882, Tartelin, *France judiciaire* VI, 2, 713.

encore plus facilement que la première, a dit M. Lisbonne dans son rapport, puisqu'il ne s'agit ici que de débats d'une nature intime et que la juridiction devant laquelle ils sont ouverts n'est appelée qu'à juger des affaires dans lesquelles n'est pas en jeu l'intérêt public, l'intérêt de la société. »

C'est pour cette raison que l'article 39 limite la faculté pour les tribunaux d'interdire le compte-rendu des procès aux matières civiles sans l'étendre aux matières criminelles et correctionnelles.

En matière civile, cette interdiction n'est qu'une application de la règle générale édictée par l'article 87 du code de procédure civile, mais que ne reproduisent pas les articles 153, 190 et 519 du code d'instruction criminelle. Voilà pourquoi l'article 39 de la loi de 1881 n'autorise pas les tribunaux à interdire le compte-rendu des procès en matière criminelle ou correctionnelle, sauf, évidemment si le huis clos est requis et ordonné. Les jugements pourront d'ailleurs être toujours publiés [1].

198. — Enfin, il est une troisième interdiction, prévue par le paragraphe 2 du même article 38, c'est celle du *compte-rendu des délibérations intérieures* soit *des jurys* soit *des tribunaux*. Cette inhibition ne fait que sauvegarder le secret des délibérations ; elle ne défend pas de publier les noms des jurés comme le faisait l'art. 11 de la loi de 1849 auquel elle a été empruntée.

La peine édictée par l'art. 38 est de 50 à 1000 fr.

---

[1] Les restrictions aux droits de la presse que nous venons de relater, n'empêchent pas un journal d'informer ses lecteurs de faits judiciaires notoires et entourés déjà d'une certaine publicité; mais le journaliste doit se tenir avec exactitude dans la vérité des faits et éviter les récits et appréciations erronnés et fantaisistes qui induisent le public en erreur sur la véritable situation et la véritable moralité des accusés (Trib. de Lyon, 8 juillet 1881, Jenueval, *France judiciaire*, VI, 2, 46.)

d'amende, celle prescrite par l'art. 39 de 100 à 2000 fr. Bien que punie d'une peine correctionnelle, l'infraction à l'art. 39 constitue une contravention qui ne peut être excusée par la bonne foi.

199. — Il faut remarquer que l'art. 39 ne parle que des procès en diffamation, d'où il résulte que les procès pour outrages ou injures peuvent être l'objet de compte-rendu sans aucune restriction. Il en serait de même d'un procès pour offense au président de la République ou aux souverains étrangers, si l'offense n'avait pas un caractère diffamatoire et restait un simple outrage [1].

200. — Le respect de la justice, et sa bonne administration veulent qu'aucune manifestation publique ne puisse s'élever contre ses décisions, c'est pour cette raison que la loi du 9 septembre 1835 interdisait les *souscriptions publiques pour le paiement des condamnations correctionnelles et criminelles ;* il y a là en effet une dangereuse et significative manifestation.

Cette prohibition a passé dans la loi du 29 juillet 1881 ; voici comment M. Lisbonne l'a justifiée dans son rapport: « Ce n'est pas le fait, a-t-il dit, d'ouvrir une souscription ayant pour objet d'indemniser des frais des condamnations encourues en cours d'assises ou en police correctionnelle qui peut, par lui-même, constituer une action punissable. Chacun est libre de disposer à son gré de ses sympathies et de son argent. C'est la publicité donnée à l'ouverture de la souscription ou à l'annonce de cette ouverture que la loi a entendu prohiber et punir. On a craint que ces manifestations ne prissent le caractère d'une protestation contre les décisions judiciaires et que leur autorité ne s'en trouvât infirmée. »

---

[1] Contra, trib. de S: Jean d'Angély, 9 avril 1875.

201. — Le sens de cette disposition mérite d'être nettement précisé. Tout d'abord, c'est aux affaires correctionnelles et criminelles qu'elle s'adresse, et en aucune façon aux affaires civiles. D'autre part, il est bien évident que les souscriptions qui ont pour but, non pas de protester contre la décision judiciaire, mais d'en amener la réformation régulière, de faciliter l'appel ou le pourvoi en cassation ne tombent pas sous le coup de l'art. 40.

202. — C'est le fait seul de la publicité qui est visé, car lui seul constitue la protestation ; une souscription particulière, ne saurait être interdite.

Que faut-il entendre par publicité en cette matière ? M. Dufaure, dans une circulaire du 1er août 1849, disait que la loi ne concerne pas seulement les journaux, mais bien tout acte patent et notoire provoquant à une souscription. La cour suprême a décidé qu'une seule annonce publique même non réitérée constituait la contravention [1]. Cette question est donc laissée à l'appréciation des tribunaux ; mais la loi semble vouloir qu'on se montre sévère en ce qui concerne les faits constituant la publicité.

Lors de la discussion de la loi, M. Clémenceau a lu à la Chambre une lettre par laquelle, sous la Restauration, M. le duc de Broglie offrait à un journaliste condamné de supporter une partie de la condamnation. Cette lettre qui avait été publiée par divers journaux, nous semble avoir par ce fait même acquis la publicité prévue par l'art. 40.

La peine prescrite par la loi est un emprisonnement de huit jours à six mois et d'une amende de 100 à 1000 fr. ou de l'une de ces deux peines seulement.

203. — Dans un pays soumis au régime parlemen-

---

[1] Cass. 1er sept. 1836. *(S. 37, 1, 209.)*

taire, la plus grande publicité doit être donnée aux débats des assemblées politiques, afin de permettre le contrôle facile de leurs actes. L'acte constitutionnel de 1875 avait déjà tenu compte de cette nécessité, et l'art. 13 de la loi du 15 juillet 1875 établissait l'immunité plus large à l'égard des *opinions* et des *votes émis par les membres des deux Chambres* dans l'exercice de leurs fonctions. L'art. 41 de la loi du 29 juillet 1881 ne fait que reproduire cette disposition législative en l'appliquant de plus aux rapports et à toutes autres pièces imprimées par l'ordre de l'une ou l'autre des deux Chambres.

204. — Faut-il couvrir de la même immunité les *délibérations des conseils généraux et municipaux.* La commission du sénat, saisie de la question, ne l'avait pas pensé, et nous nous rallions entièrement à son opinion. Les conseils en question bien qu'électifs ne sont point politiques; bien plus, les lois organiques qui les régissent leur interdisent tout rôle politique, par conséquent les motifs qui font accorder l'immunité aux discours parlementaires n'existent plus pour les discours prononcées dans des assemblées départementales ou communales. L'action en diffamation sera donc admise dans ces hypothèses.

Il est évident toutefois que si le conseiller municipal ou général a agi dans la limite de ses fonctions, a critiqué ou commis un fait purement administratif, il ne saurait être poursuivi. La commission du sénat a laissé au juge ordinaire le soin de décider s'il y avait lieu ou non de poursuivre en diffamation. Mais nous pensons qu'en fait, le conflit sera presque toujours élevé et que le tribunal des conflits aura à décider si le conseiller a commis un fait diffamatoire, ou s'il a agi dans l'exercice de ses fonctions [1].

---

[1] M. Demôle avait demandé au sénat que la question fût toujours renvoyée au tribunal des conflits.

205. — Aux termes de la loi, le *compte-rendu des séances publiques du Parlement*, fait de bonne foi dans les journaux, ne donne lieu à aucune action.

Il s'agit évidemment là du compte-rendu fait par le journaliste et non du compte-rendu officiel qui, lui est forcément fait de bonne foi, puisqu'il est considéré comme l'œuvre de la Chambre. La discussion au sénat démontre l'exactitude de cette interprétation. M. Paris avait demandé la suppression des mots « faits de bonne foi, » en observant que la question de bonne foi ne pourrait se poser à l'occasion d'un compte-rendu officiel. Mais il retira lui-même son amendement en expliquant ce retrait de la façon suivante : « Le télégraphe est aujourd'hui le premier rédacteur des journaux de province; il arrive que, dans l'intérêt de la célérité, et afin de porter plus vite à la connaissance du public ce qui se dit à la tribune des Chambres, la presse revient au compte-rendu libre... Dès lors, le système que je croyais le plus libéral et qui consistait à affranchir le compte-rendu officiel de toute action publique ou privée manquait son effet puisqu'il n'était plus applicable. On m'a fait observer qu'il serait préférable de maintenir purement et simplement la rédaction de la commission, pour que, la question de bonne foi devant nécessairement être réfutée comme préliminaire de tout débat, on laissât à la presse une liberté plus grande en matière de compte-rendu. »

La loi ne punit donc pas le compte-rendu inexact ; elle ne réclame que la bonne foi, c'est-à-dire que les inexactitudes n'indiquent pas l'intention de nuire.

Nous croyons que la disposition de l'art. 41 § 2 doit être entendue dans un sens strict, et que l'immunité ne s'applique pas au compte-rendu des séances des commissions du sénat ou de la chambre des députés.

206. — En ce qui concerne l'immunité dont l'art. 41

§ 3 couvre les *discours prononcés* ou les *écrits produits devant les tribunaux*, et qui n'est autre que l'affirmation de la liberté de défense, il importe de remarquer que cette immunité s'applique aux discours prononcés et aux écrits produits devant tous les degrés et tous les ordres de juridiction, aussi bien devant le juge de paix siégeant comme conciliateur que devant les cours d'assises, ou bien encore devant le tribunal des conflits, les conseils de guerre ou autres juridictions d'exception.

Cette immunité s'applique aussi bien aux avocats qu'aux magistrats du parquet, pourvu que les uns et les autres se renferment dans la limite de leurs fonctions. Il faut aussi qu'ils demeurent dans les faits relatifs à la cause, c'est-à-dire qui signalent des faits ou contiennent des arguments tendant à justifier les conclusions des parties en cause.

Quant aux écrits, ce sont, non seulement les actes de procédure, mais encore tous les écrits que les besoins de la défense et les usages du barreau font éclore. Il faut encore, selon un arrêt de cassation du 6 février 1829 que ces écrits aient été produits aux magistrats par un moyen quelconque, et qu'on ne leur ait pas donné une publicité extérieure qui en détruirait le caractère essentiel d'écrits judiciaires.

207. — A l'égard des discours et compte-rendus judiciaires le législateur semble s'être montré plus sévère ; le § 3 de l'art. 41 parle en effet non-seulement de la bonne foi, mais encore de la fidélité, de l'exactitude. Nous croyons cependant qu'il n'y a là qu'une erreur de rédaction, explicable par la précipitation avec laquelle le sénat a ajouté au projet de loi voté par la chambre des députés la même immunité pour la presse dans les débats judiciaires que dans les débats législatifs. L'intention du législateur nous paraît être la même dans les deux cas, qu'il s'agisse de compte-rendu des débats législatifs ou de débats judiciaires ; il n'a voulu réprimer, ce nous semble, que le compte-rendu rédigé de mauvaise foi. C'est déjà ce qu'on décidait sous l'empire de l'ancienne législation, et nous croyons qu'il ne faut pas trop ici s'en tenir à la lettre, mais rechercher plutôt l'esprit de la loi.

Aux termes de l'art. 41, il faudra d'ailleurs distinguer deux cas. Si le compte-rendu ne contient aucun délit et est simplement infidèle et de mauvaise foi, il ne donne lieu qu'à une action civile en dommages-intérêts, la loi n'ayant établi aucune responsabilité pénale dans ce cas. Si au contraire, le compte-rendu contient le délit d'injure, de diffamation, d'outrage, il est susceptible des poursuites criminelles édictées spécialement contre ces délits.

Remarquons que le législateur n'a pas changé dans l'art. 41 le sens qu'il accorde au mot outrage ; il ne s'applique qu'à l'outrage aux mœurs, à l'offense envers le président de la République, les chefs d'États et agents diplomatiques étrangers.

208. — Devant quel tribunal doit être portée l'action qui naît dans cette hypothèse ?

La jurisprudence antérieure à la loi de 1881 décidait, d'une façon constante, que l'action civile en responsabilité devait être portée devant le tribunal dont la décision avait été inexactement rapportée. Elle admettait même que si un journal avait rapporté les débats d'une même affaire devant un tribunal et devant une cour d'appel, il devait y avoir deux actions en responsabilité, l'une devant le tribunal, l'autre devant la cour [1].

Lors de la discussion devant le sénat, M. Le Royer a examiné cette question et présenté un amendement conçu en ces termes : « Dans le cas où le compte-rendu

---

[1] Cass. 13 février 1869.

donnerait ouverture à une action en justice, cette action sera portée devant le tribunal qui a connu de l'affaire. » Cet amendement a été rejeté.

Nous ne pensons pas toutefois qu'on doive en induire que le législateur a entendu modifier la jurisprudence antérieure. Rien dans la loi ne l'indique ; si M. Griffe a critiqué énergiquement les conséquences de cette jurisprudence, aucune résolution n'a été votée à la suite de ses critiques, et nous pensons qu'il faudrait un texte exprès pour modifier la compétence établie par la jurisprudence .

D'ailleurs la partie peut, si elle le veut, attaquer par voie d'action en diffamation si le compte-rendu en contient, ou par voie d'action pour délit de compte-rendu infidèle.

209. — Il n'est pas douteux que l'immunité du § 3 art. 41, ne s'applique aux *protestations contre les élections*, qu'elles soient adressées à un conseil de préfecture ou au conseil d'État. Ces protestations ne sont en effet autre chose que des actes de procédure judiciaire, pourvu toutefois qu'elles émanent de celui qui est partie dans la contestation.

210. — La disposition permettant aux tribunaux d'ordonner la suppression de tout ou partie des écrits ou discours injurieux, s'applique aux tribunaux administratifs comme aux tribunaux judiciaires.

Quant aux tribunaux de commerce, ils peuvent comme les autres tribunaux, prononcer la suppression des discours ou écrits diffamatoires ou injurieux produits devant eux, lorsqu'ils statuent au fond ; mais ils sont incompétents pour apprécier l'action civile d'un tiers étranger à l'instance, en réparation du dommage à lui causé par une diffamation contenue dans une assignation introduite devant eux, cette action civile, réservée aux tiers étrangers à l'instance, étant en dehors de la juridiction commerciale [1].

211. — La portée de l'immunité écrite dans l'art. 41 § 3 est d'ailleurs limitée sous plusieurs rapports. Si elle s'étend aux tiers comme aux parties en cause dans le procès, elle est strictement réduite à l'action en diffamation, outrage et injures. Les autres actions peuvent être intentées sans difficulté, à un autre point de vue, la loi réserve toute action à l'égard des faits étrangers au procès.

L'action civile peut, dans cette hypothèse, être exercée sans aucune condition, quand elle concerne les tiers [2] ; mais à l'égard des parties, une distinction a été faite par par le législateur ; elle doit avoir été réservée par une déclaration formelle du tribunal devant lequel les propos diffamatoires seront produits.

[1] En ce sens arrêt de la cour de Paris du 4 mars 1882, *France judiciaire* VII, 2, 43.

[2] M. Grellet Dumazeau t. 2, p. 211, considère les témoins comme des tiers ; M. Chassan (n° 136) les considère comme parties au procès.

CHAPITRE VI

DES ACTIONS QUE FONT NAITRE LES CRIMES ET DÉLITS COMMIS PAR LES DIVERS MODES DE PUBLICATION

—

SECTION I. — DE L'ACTION PUBLIQUE ET DE LA PLAINTE DES PARTIES.

212. — Les crimes et délits commis par la voie de la presse donnent lieu comme tous les autres à une double action : l'action publique et l'action civile.

En principe, l'action publique est absolument indépendante de la plainte formulée par celui qui a souffert d'un crime ou d'un délit ; elle n'a en effet d'autre but que de poursuivre la répression du trouble à l'ordre public résultant de cette infraction à la loi.

En ce qui touche les délits commis par la voie de la presse, une modification importante a été apportée dès 1819 à ces règles, et il faut dans certains cas l'autorisation de la personne ou du corps diffamé pour que le ministère public puisse poursuivre.

213. — Sous l'empire de la loi de 1819, le ministère public ne pouvait agir que par la voie de l'information, conformément aux règles ordinaires en matière criminelle ; mais dès 1835, le ministère public fut autorisé à faire citer directement le prévenu devant la cour d'assises.

Cette mesure remise en vigueur par la loi du 15 avril 1871 et par celle du 29 décembre 1875, a été consacrée par le législateur de 1881 qui l'a même amélioréc en l'appliquant, non seulement aux délits, mais encore aux crimes. (art. 47).

En principe, l'action publique peut donc être librement exercée, sauf les exceptions établies dans l'art. 47.

214. — Les délits contre les fonctionnaires publics peuvent être poursuivis soit d'office, soit sur la plainte de la partie intéressée. Dans le cas de poursuite d'office, une plainte du ministère compétent suffit pour mettre l'action publique en mouvement (art. 47, § 3).

Les délits contre les ministres n'étant pas prévus dans ce paragraphe, peuvent être poursuivis d'office sans aucune restriction.

Les offenses aux chefs d'États et diplomates étrangers peuvent de même être poursuivis soit d'office sur la demande du ministre des affaires étrangères, soit sur la plainte des parties lésées (art. 47, § 5).

215. — Mais à l'égard du président de la République, l'action publique n'est soumise à aucune restriction; l'art. 47 n'en faisant pas mention, il n'a pas le droit de citation directe. La circulaire du garde des sceaux, dit que « sa dignité doit toujours être protégée par l'autorité publique. »

On ne saisit d'ailleurs pas l'utilité de donner ce droit au chef du pouvoir exécutif, les membres du parquet, ses représentants, le possédant déjà.

216. — Les délits contre les cours et tribunaux et les corps constitués, ne peuvent être poursuivis qu'après une délibération du corps diffamé, ou sur la plainte du chef de ce corps, quand il n'est pas susceptible de se réunir pour délibérer.

La loi de 1819 avait posé ce principe, mais, dans la loi du 29 décembre 1875, le législateur avait autorisé le ministère public à poursuivre dans ce cas d'office et sans délibération préalable. La loi du 29 juillet 1881 est revenue au système de 1819. (art. 47, § 1ᵉʳ).

Les injures et diffamations contre les membres des Chambres ne peuvent être poursuivies que sur leur plainte (art. 47, § 2).

217. — En résumé, la loi nouvelle admet trois modes de poursuites :

1º La poursuite d'office par le ministère public, qui a lieu en principe chaque fois qu'un texte ne dispose pas autrement.

2º La poursuite sur la citation directe du plaignant, aux termes des paragraphes 3 et 5 de l'art. 47.

3º La poursuite sur la plainte ou avec l'autorisation de la personne lésée aux termes des autres dispositions de l'art. 47.

218. — Lorsque la poursuite a lieu sur la citation directe de l'intéressé, le président de la cour d'assises fixe les jours et heures auxquels l'affaire sera appelée, (art. **47** *in fine*).

Dans l'intervalle des sessions de la cour d'assises, c'est au président de la dernière cour que ce devoir incombe, il y a alors lieu à séance extraordinaire, et il faut appliquer l'art. 81 du décret du 6 juillet 1810 aux termes duquel, « dans le cas, d'une tenue extraordinaire d'assises, les présidents de la dernière assise sont nommés de droit pour présider l'assise extraordinaire. »

219. — La loi n'a établi à l'égard de la plainte aucune forme particulière ; il suffit que la partie lésée indique clairement sa volonté de provoquer l'action de la justice ; c'est là une question d'appréciation laissée à la sagesse des tribunaux.

SECTIONS II. — QUI PEUT ÊTRE POURSUIVI, COMPLICES, RESPONSABILITÉ.

220. — Dans la législation qui a précédé celle qui nous occupe, la loi punissait, en cas de crime ou délit par la voie de la presse, les auteurs principaux et les complices.

Les éditeurs de livres, gérants de journaux étaient considérés comme auteurs principaux, ainsi que les crieurs, afficheurs, vendeurs et distributeurs. (art. 283 et suiv. du code pénal et loi de 1819 art. 26). Les auteurs, les crieurs, vendeurs et distributeurs n'étaient que des complices, ces derniers toutefois pouvaient faire connaître de qui ils tenaient les écrits. Quant aux imprimeurs ils ne pouvaient être poursuivis que s'ils avaient agi en connaissance de cause dans les termes de l'art. 60 du code pénal, ou bien s'ils avaient sciemment imprimé des écrits contenant une provocation à des attroupements [1].

221. — La loi du 29 juillet 1881, tout en améliorant cet état de choses ne s'est pas toutefois montrée aussi libérale que le pouvaient faire croire les déclarations du rapport fait par M. Lisbonne. Aux termes des art. 42 et suivants de la loi, la poursuite peut atteindre comme auteurs principaux : 1° les gérants et les éditeurs, 2° à leur place, les auteurs et les rédacteurs, 3° à défaut de ces derniers les imprimeurs, 4° enfin les colporteurs et distributeurs à défaut d'imprimeurs.

---

[1] Loi du 7 juin 1848, art. 6.

Comme complices, la poursuite peut frapper : 1° les auteurs et écrivains lorsque les gérants ou éditeurs sont en cause ; 2° les imprimeurs s'il y a eu provocation à un attroupement et s'ils ont agi en connaissance de cause ; 3° enfin, les colporteurs et distributeurs quand c'est en connaissance de cause qu'ils ont vulgarisé l'écrit incriminé.

222. — M. Lisbonne a expliqué dans son rapport que « c'est la nature du concours prêté à la perpétration du délit, et non la qualité ou la profession de la personne qui l'a prêté, qui détermine sa responsabilité. Un imprimeur par exemple qui serait l'éditeur d'un livre ou le gérant d'un journal, ne pourrait exciper de sa qualité d'imprimeur pour cet appel aux poursuites auxquelles l'exposerait le fait de la publication. »

Le même rapport explique aussi qu'à part le cas où l'on peut mettre éditeur et auteur en cause, il n'y aura jamais qu'une seule personne poursuivie. Il faut remarquer toutefois qu'aux termes de l'art. 22 les colporteurs et distributeurs peuvent être poursuivis en même temps que les autres auteurs du délit, quand ils ont agi sciemment.

223. — Les art. 42 et 43 de la loi du 29 juillet 1881 ne sont applicables qu'aux délits de presse ; « s'il s'agit d'un délit commis par la parole, a dit M. Lisbonne dans son rapport, l'application du droit commun ne présentera aucune difficulté, sa perpétration ne révèle, en général, que l'idée d'un seul coupable, et ce n'est que par exception qu'à l'action principale se révèle le fait de complicité. » C'est donc le droit commun qui s'applique aux délits de la parole.

224. — Aux termes de l'art. 44, les propriétaires de journaux ou écrits périodiques sont responsables des condamnations pécuniaires prononcées au profit des tiers contre les personnes désignées dans les deux articles précédents.

M. Lisbonne a ainsi justifié cette disposition dans son rapport : « en point de fait, elle n'a rien de préventif ; si elle remplace, à certains points de vue, le cautionnement que nous supprimons, elle a cela de plus libéral que le cautionnement et de plus logique à la fois ; le cautionnement est une mesure préalable, c'est la garantie éventuelle de l'exécution d'une condamnation qui peut ne jamais intervenir, tandis que la responsabilité civile des propriétaires de journaux ne doit recevoir d'application que dans l'hypothèse où une condamnation a été prononcée. Elle ne devance pas la condamnation, elle la suit ; elle ne peut être que théorique, si le journal ne commet pas de délit ou si la condamnation s'exécute directement. Elle n'empêche pas ce délit de se commettre, elle empêche l'impunité de s'accomplir.

« En point de droit, elle a également sa justification ; elle est en harmonie avec la règle de droit commun édicté par les articles 1382, 1383 et 1384 du code civil. L'article 1384 place en effet, à côté de la responsabilité directe de l'article 1382, la responsabilité indirecte. Il y a certaines situations dans lesquelles on est exposé à répondre de la faute d'autrui et même du dommage causé par le fait des choses que l'on a sous sa garde.

« En vous proposant de déclarer les propriétaires des journaux ou écrits périodiques responsables civilement des condamnations pécuniaires prononcées contre le gérant comme auteur principal, contre l'écrivain comme complice, ou bien contre le gérant seul, si l'écrivain n'est pas connu ou s'il échappe à la poursuite, ou bien contre l'écrivain comme auteur principal, s'il peut être poursuivi, et si le gérant ne peut l'être, soit parce que le journal n'aurait pas de gérant, soit parce que le gérant se serait mis hors des atteintes de la justice, ou bien, à défaut du gérant et de l'écrivain, contre l'imprimeur, etc., nous ne faisons qu'étendre l'application de l'article 1384, au cas particulier d'un délit commis par la presse périodique. »

Pour mieux préciser le sens de cette disposition, le sénat a ajouté une référence expresse aux articles 1382 et suivants du code civil.

225. — L'art. 44 se justifie d'ailleurs facilement. Les propriétaires doivent connaître le gérant du journal qui leur appartient ; c'est de lui qu'ils répondent. Ils ne répondent de l'auteur et des personnes désignées dans l'article 46, qu'en l'absence du gérant, circonstance qui est leur fait et qui engage presque directement leur responsabilité. Si le journal appartient à une société en nom collectif, en commandite ou anonyme, ces sociétés sont tenues de la responsabilité civile au même titre et dans les mêmes conditions qu'elles sont tenues de leurs dettes envers les tiers.

Il résulte d'ailleurs de ce qui vient d'être dit, que la garantie du propriétaire s'étend non pas seulement aux condamnations prononcées contre le gérant, mais bien contre toutes les personnes désignées dans l'art. 42.

SECTION III. — EXCEPTIONS, PRESCRIPTION, CHOSE
JUGÉE ETC.

226. — Les exceptions en général sont opposables aux délits de presse [1]. La prescription a été appliquée aux délits de presse par la loi de 1819 ; sous cette législation l'action publique était éteinte au bout de six mois, l'action civile au bout de trois ans, contrairement au principe du code d'instruction criminelle (art. 637,

---

[1] Nous n'étudierons ici que les exceptions touchant le fond du droit, les autres seront étudiées au chapitre de la procédure.

638 et 640), qui veut que ces deux actions se prescrivent par le même laps de temps.

Le décret de 1852 établissait pour ces deux prescriptions un délai uniforme de trois années.

Le législateur de 1881, tout en maintenant l'égalité entre les deux prescriptions, a réduit à trois mois le délai nécessaire pour qu'elles s'accomplissent, en appliquant ce délai même aux prescriptions commencées sous l'ancienne législation [1] (art. 65).

Cette disposition, qui a passé dans la loi presque sans discussion, peut avoir bien souvent pour effet d'amener l'impunité, les délits pouvant fort bien n'être pas connus des intéressés dans ce délai de trois mois qui commence à courir du jour de la publication [2].

227. — Il résulte de la discussion que la disposition de l'art. 65 est générale et atteint, à la fois, les contraventions, les délits et les crimes. M. Lisbonne avait proposé de faire une exception pour les crimes, mais la commission a refusé de sanctionner cette partie du projet de loi.

Lorsque le délit de presse n'est autre chose que la provocation à commettre une action qualifiée crime ou délit, il ne faut pas appliquer la prescription de droit commun spéciale au fait principal, mais bien la prescription de trois mois particulière au délit de presse. M. Lisbonne l'a expliqué formellement devant la Chambre des députés, et cette solution semble d'ailleurs logique.

---

[1] Voir un arrêt de Douai du 29 juin 1882, dans la *France judiciaire* VII, 2, 42.

[2] La prescription de trois mois ne peut être invoquée lorsque l'exercice de l'action a été empêché par un obstacle légal, notamment lorsque la poursuite en diffamation a été dirigée contre un député qui s'est retranché derrière l'immunité parlementaire (C. d'assises de la Seine, 30 octobre 1882, Drouet C. Alype, *France judiciaire* VII, 2, 40.

228. — L'exception de chose jugée peut aussi être invoquée en matière de presse.

Quant aux causes d'excuse, la bonne foi, la vérité du fait allégué, nous en avons déjà parlé plus haut.

229. — La prescription commence à courir à partir des faits de publication, et, s'il y a eu interruption, à partir des dernières poursuites ayant produit cette interruption. (Art. 65, § 1).

Que faut-il entendre par actes de poursuites ? A notre sens, les actes devant entraîner l'action de la justice peuvent seuls être considérés comme actes de poursuites. Ainsi, une plainte adressée au parquet n'aurait ce caractère que si elle contenait constitution de partie civile [1].

---

[1] Sic. trib. de S. Jean d'Angély, 16 décembre 1881. Labatat. Roy de Loulay et Oscar Pie.

CHAPITRE VII.

DE LA COMPÉTENCE.

230. — En matière criminelle, la compétence varie, on le sait, suivant qu'il s'agit de contraventions, de délits ou de crimes.

La loi du 29 juillet 1881 n'a pas suivi cette règle ; son article 45 établit d'une façon générale la compétence de la cour d'assises pour tous les crimes ou délits prévus par elle, sauf les exceptions spécifiées dans les paragraphes suivants.

Le projet de la commission faisait une très large part aux tribunaux correctionnels, mais des modifications importantes y furent apportées lors de la deuxième délibération devant la Chambre. M. Lisbonne établit en ces termes le caractère général de la compétence du jury : « le jury devient en quelque sorte juge d'attribution en matière de délits commis par la voie de la presse ou de la parole. Ce système procède d'un principe, au lieu d'une classification. »

231. — Ce n'est point ici le lieu de juger la valeur

de cette prescription de la loi, qui d'ailleurs n'était pas nouvelle, puisque en 1819 et 1822, le jury avait eu la connaissance des procès de presse. Nous devons dire toutefois, qu'elle a donné lieu à de nombreuses critiques, même parmi les membres de la presse.

Quoiqu'il en soit, le jury a, d'après la loi nouvelle, une compétence générale en matière de délits de presse, et il faut un texte spécial pour que les tribunaux correctionnels ou de simple police puissent être saisis.

La loi du 29 juillet 1881 fait donc de la cour d'assises la juridiction de droit commun pour les délits de presse. « Les crimes et délits prévus par la présente loi, dit l'art. 45, soit déférés aux cours d'assises. »

232. — Les crimes et délits qui sont de la compétence de la cour d'assises, c'est-à-dire ceux que ne mentionne pas l'art. 45 de la loi du 29 juillet 1881, sont les suivants :

1° La provocation, par discours, cris, menaces ou écrits, à commettre une action qualifiée crime ou délit, si cette provocation a été suivie d'effet (art. 23);

2° La provocation à commettre les crimes de meurtre, de pillage, d'incendie ou l'un des crimes contre la sûreté de l'État [1], quand même la provocation n'aurait pas été suivie d'effet (art. 24, 10);

3° La provocation adressée à des militaires dans le but de les détourner de leurs devoirs. (art. 25 [2]);

---

[1] La compétence de la cour d'assises en cette matière peut toutefois faire place à la compétence du sénat constitué en haute cour de justice. En effet, l'art. 9 de la loi du 24 février 1875 porte : « Le sénat peut être constitué en cour de justice pour connaître des attentats contre la sûreté de l'État. » L'art. 12 de la loi du 16 juillet 1875 indique le mode de procéder. La loi du 29 juillet 1881 n'a rien modifié à ces dispositions de lois constitutionnelles.

[2] La cour d'assises serait même compétente si la provocation émanait d'un militaire, (art. 76 du code militaire du 9 juin 1857).

4° Le délit de cris séditieux, (art. 24, § 2).

5° La publication de fausses nouvelles (art. 27).

6° L'outrage aux bonnes mœurs.

7° L'offense au président de la République (art. 26).

8° La diffamation envers les cours et tribunaux, les armées, les corps constitués et les administrations publiques (art. 30).

9° La diffamation envers les membres du ministère et des Chambres, les fonctionnaires, les ministres du culte, les jurés, les témoins, (art. 31).

10° La diffamation envers la mémoire d'une personne publique décédée (art. 31 et 34).

11° L'injure envers les personnes désignées dans les art. 30 et 31. (art. 37 § 1.)

12° L'offense envers les chefs d'État étrangers (art. 36) et les ambassadeurs ou agents diplomatiques étrangers, (art. 37.)

13° La provocation à la désobéissance aux lois ou à la censure des actes du gouvernement par les instructions des évêques ou les discours pastoraux (art. 201 à 206 du code pénal).

14° La provocation aux attroupements. (Loi des 24 mai 1834, art. 9 ; 7 juin 1868, art. 6 ; 15 juillet 1845 art. 17).

Ces deux derniers délits n'ont pas été supprimés par la loi du 29 juillet 1881.

233. — Les tribunaux correctionnels jugent dans les cas ci-après :

1° Diffamation à la mémoire d'un particulier décédé (art. 32 et 34).

2° Publication des actes d'accusation ou autres actes de procédure criminelle ou correctionnelle avant l'audience publique (art. 38).

3° Compte-rendu du procès en diffamation où la

preuve des faits diffamatoires n'est pas autorisée (art. 39 § 1).

4° Compte-rendu des procès interdit par les cours et tribunaux (art. 39 § 1).

5° Compte-rendu des délibérations intérieures du jury ou des tribunaux (art. 39 § 2.)

6° Souscription publique ayant pour objet d'indemniser des condamnations pécuniaires en matière criminelle et correctionnelle (art. 40).

7° Injure et diffamation envers les particuliers (art. 32 et 33, § 2).

8° Outrage aux bonnes mœurs pour gravures obscènes etc. (art. 28, § 2).

9° Enlèvement et lacération d'affiches par un agent de l'autorité (art. 17, § 4).

10° Enlèvement et lacération par un fonctionnaire, d'affiches apposées par ordre de l'autorité (art. 17, § 2).

11° Mise en vente de journaux étrangers interdits en France (art. 14).

12° Refus d'insertion du dépositaire de l'autorité publique (art. 12) et des réponses des particuliers (art. 13.)

13° Omission du nom du gérant au bas de chaque exemplaire (art. 11).

14° Omission du dépôt, (art. 10).

15° Défaut de déclaration au parquet (art. 7 et 9) et continuation de publication irrégulière (art. 9).

16° Absence de gérant (art. 6 et 19).

17° Omission par l'imprimeur du dépôt d'imprimés au parquet et à la préfecture (art. 3 et 4).

234. — Le tribunal de simple police est saisi pour :

1° Injure non publique (art. 33, § 3).

2° Colportage sans déclaration (art. 21).

3° Défaut de présentation par le colporteur du récépissé de sa déclaration, (art. 21).

4° Omission sur les imprimés du nom et domicile de l'imprimeur, (art. 2).

5° Affiches apposées dans le lieu réservé aux actes de l'autorité (art. 15, § 1, 2, 4).

6° Affiches particulières sur papier blanc, (art. 15, § 3 et 4).

7° Enlèvement d'affiches par un particulier (art. 17, § 1).

8° Enlèvement par un particulier d'affiches électorales sauf sur sa propriété. (art. 17, § 3).

235. — On s'est demandé si l'art. 45, modifiant la compétence, devait s'appliquer aux procès entamés, alors même qu'une décision sur le fond était intervenue.

Il est certain que les lois de compétence ne sont pas soumises au principe de la non rétroactivité écrit dans l'art. 2 du code civil. La cour de cassation a toutefois décidé que la cour d'appel saisie au moment de la promulgation de la loi de 1881 d'un appel contre un jugement correctionnel en matière de presse restait compétente, encore bien que la loi nouvelle ait attribué la connaissance du fait incriminé à la cour d'assises [1].

Ce retour à la règle générale de l'art. 7 du code civil s'explique facilement; en effet, lorsque le premier juge a statué, les choses ne sont plus entières. D'ailleurs les lois précédentes sur la presse, lorsqu'elles avaient modifié la compétence, n'avaient attribué aux cours d'assises que la connaissance des délits de presse non encore jugés. Si le législateur avait voulu modifier les principes établis dans les lois précédentes, il s'en serait expliqué et aurait parlé du passé dans l'art. 45.

Mais il faut restreindre cette solution au cas où une

---

[1] Cas. crim. 18 fév. 1882, S. 82-1-185.

décision judiciaire est intervenue ; lorsqu'une procédure est commencée, quel que soit le point où elle soit arrivée, la loi nouvelle en arrête l'effet. Le tribunal correctionnel dessaisi par la loi de la connaissance d'un délit, ne pourrait même pas retenir l'action civile s'y rapportant [1].

236. — Il faut décider, en ce qui concerne la détermination du crime ou délit, que la loi a un effet rétroactif si la peine dont est frappée l'infraction est plus légère que celle qui était établie par la législation antérieure. C'est là en effet une solution générale appuyée d'une façon indiscutable sur l'art. 6 du décret du 23 juillet 1810 [2].

237. — L'art. 12 de la loi du 26 mai 1819 établissait des règles spéciales de compétence territoriale pour la poursuite des infractions à la formalité du dépôt, la loi du 29 juillet 1881 n'a pas reproduit ces dispositions particulières. Conformément à l'art. 63 du code d'instruction criminelle, la juridiction compétente est donc avec celle de la résidence de l'inculpé, celle du lieu du délit, c'est-à-dire, en définitive, de tous les lieux dans lesquels l'ouvrage délictueux a été publié.

D'ailleurs, la loi gardant le silence sur la compétence territoriale, il faut appliquer les principes du droit commun en cette matière.

238. — L'action civile peut être portée devant la juridiction criminelle ou correctionnelle, mais aussi

---

[1] En ce sens un arrêt de Riom du 27 décembre 1881, *France judiciaire* VI, 2, 257.

[2] Eu ce sens uu arrêt de Bourges du 24 nov. 1881, S. 82-2-84.

être exercée séparément, conformément à l'art. 3 du code d'instruction criminelle.

Cependant la loi du 29 juillet 1881 a établi une exception importante à la règle de l'art. 3 du code d'instruction criminelle.

Sous l'ancienne législation, pour éviter l'application de la disposition autorisant la preuve des faits diffamatoires, il était arrivé plusieurs fois que les fonctionnaires publics, au lieu de saisir de leurs plaintes la juridiction criminelle, intentaient une action en dommages-intérêts devant la juridiction civile qui toujours déclarait la preuve irrecevable. La loi du 15 avril 1871 (art. 14), avait rendu ce système impossible en établissant que l'action civile ne pourrait dans cette hypothèse être poursuivie séparément de l'action publique.

La loi de 1881 a consacré cette sage disposition, en faisant toutefois une exception parfaitement justifiée pour le cas de décès de l'auteur du fait incriminé. L'art. 46, dispose en ces termes : « L'action civile résultant des délits de diffamation prévus et punis par les art. 30 et 31 ne pourra, sauf dans le cas de décès de l'auteur, être poursuivie séparément de l'action publique. »

CHAPITRE VIII.

DE LA PROCÉDURE.

—

SECTION I. — PROCÉDURE DEVANT LA COUR D'ASSISES.

—

§ I. *Formalités antérieures à la comparution en justice.*

239. — Il est de principe que la cour d'assises ne peut être saisie que par la voie de l'information. Le caractère des délits de presse, la nécessité de les réprimer promptement appelaient une exception à cette règle générale ; ce n'est toutefois qu'en 1835 (L. 9 sept. 1835 art. 24), que cette exception fut faite pour les délits et que le ministère public put, dans certains cas, faire citer directement le prévenu devant la cour d'assises.

La loi du 27 juillet 1881 est allée plus loin encore en accordant le droit de citation directe, non seulement pour les délits, mais encore pour les crimes, et ce droit a été étendu à la plupart des fonctionnaires publics (art. 47), aux ministres du culte, aux jurés, aux témoins. Le président de la République seul est excepté, sa dignité doit en effet toujours être protégée par l'autorité publique.

240. — Le législateur a posé en principe la nécessité

d'une plainte préalable de la part des personnes énumérées dans l'art. 47, plainte amenant la citation directe. Cette plainte n'est assujettie à aucune formalité, toutefois elle doit indiquer d'une façon précise l'intention de son auteur de poursuivre le crime ou délit dont il prétend avoir été victime.

Pour les corps constitués la plainte est remplacée par une délibération, mais là encore le ministère public ne peut agir d'office.

241. — La poursuite ne peut avoir lieu d'office que pour les offenses au président de la République, et aussi pour les délits contre les ministres, car l'art. 47 § 3 n'exige la plainte qu'à l'égard des fonctionnaires autres que les ministres.

Si cependant ces derniers faisaient partie du parlement, la plainte, exigée par l'art. 47, § 2 pour les « membres de l'une ou l'autre Chambre, » serait nécessaire.

Le droit de citation directe appartient encore aux chefs d'État et aux agents diplomatiques étrangers, aux termes de l'art. 47 § 5.

242. — Le ministère publique peut citer directement devant la cour d'assises, mais il est maître de recourir à l'information conformément aux règles générales. Il peut en effet se présenter des cas où la célérité est inutile et où, au contraire, une information menée lentement présente de sérieux avantages.

Dans cette dernière hypothèse, la loi a édicté des dispositions spéciales : le réquisitoire à fin d'information doit contenir non seulement la qualification et l'articulation des crimes ou délits visés, comme le voulait la loi du 26 mai 1819 (art. 10), mais encore « l'indication des textes dont l'application est demandée, » et ce, à peine de nullité. Cette nullité s'applique à toute la procédure antérieure au réquisitoire.

243. — Après avoir réglé la poursuite à la requête
du ministère public et par voie d'information, la loi du
29 juillet 1881, règle les actes de procédure faits par la
partie ou le ministère public dans le cas où le droit de
citation directe est exercé, et elle prescrit les mêmes mesures afin que le prévenu connaisse exactement les faits
dont il est accusé.

Aux termes de l'art. 50, la citation doit contenir :
1° l'indication précise des écrits, imprimés, placards,
dessins etc., objets de la poursuite ; 2° la qualification
des faits ; 3° les textes de loi invoqués à l'appui de la
demande.

Dans le cas où la citation est à la requête du plaignant,
elle doit contenir de plus copie de l'ordonnance du président, élection de domicile dans la ville où siège la
cour d'assises, enfin, elle doit être notifiée tant au prévenu
qu'au ministère public ; toutes ces formalités sont prescrites à peine de nullité. On voit que leur analogie est
complète avec celles qui sont écrites dans l'art. 48 en
cas d'information.

Il est inutile de reproduire *in extenso* le texte de loi
visé, il suffit de rappeler l'article et la date de la
loi [1].

244. — La loi n'a pas fixé le délai dans lequel la
notification de la citation doit être faite au ministère
public, elle est donc valable à quelque moment quelle
ait eu lieu, pourvu que ce soit avant la comparution.
Cette notification n'a en effet d'autre but que de mettre
le ministère public en mesure de prendre connaissance
des pièces.

A l'égard du prévenu, l'art. 51 dispose que « le délai
entre la citation et la comparution en cour d'assises sera

---

[1] C. d'assises de la Seine, 26 déc. 1881, Tonnelier Vidal et Lange,
France judiciaire VI, 2, 211.

de cinq jours francs, outre un jour par cinq myriamètres de distance. »

Comment doit-on compter le délai dans le cas où la distance se compose d'un certain nombre de fois cinq myriamètres plus une fraction de ce chiffre ?

On pourrait soutenir que l'art. 1033 du code de procédure civile doit être appliqué en cette matière et qu'il faut ajouter un jour au délai quand la fraction dépasse quatre myriamètres, ou bien au contraire ne pas tenir compte de cette fraction si elle est inférieure à quatre myriamètres.

Mais la première solution nous semble inacceptable ; tout d'abord, le code de procédure civile n'est pas, en principe, applicable à la procédure criminelle, et d'autre part, une pareille interprétation serait contraire au texte même de la loi qui veut qu'on ne compte un jour que pour cinq myriamètres [1] seulement, et non pour quatre.

245. — Une exception est faite à la règle de l'art. 51 en matière de diffamation ; le prévenu peut vouloir en effet prouver la vérité des faits diffamatoires, un plus long délai lui sera nécessaire à ce sujet ; l'art. 52 établit en conséquence dans son § 1er, qu'en matière de diffamation, le délai sera de douze jours outre un jour par cinq myriamètres.

§ 2. *De la saisie et de la détention préventive.*

246. — On sait qu'aux termes des art. 37, 38, 87 à 90 du code d'instruction criminelle, le procureur de la République et le juge d'instruction jouissent du droit de saisie. Le législateur de 1881 s'est efforcé de faire dispa-

---

[1] En ce sens un arrêt de cassation du 11 mai 1843.

raître cette phase de la procédure en matière de presse et en principe il a supprimé le droit de saisie. Une seule exception a été faite pour le cas où le dépôt prescrit par la loi nouvelle n'aurait pas été effectué (art. 49). Le droit de saisie,dans cette hypothèse,est commun au procureur de la République et au juge d'instruction, et il ne peut s'appliquer qu'à « quatre exemplaires de l'écrit, du journal ou du dessin incriminé. »

Sauf le cas de l'art. 28, (v. plus haut p. 186) la saisie ne doit jamais être préventive,d'où la conclusion que la loi du 29 juillet 1881 n'a pas entendu consacrer les attributions données par le code d'instruction criminelle au procureur de la République en cas de flagrant délit. Dans tous les cas 'a saisie ne peut avoir lieu qu'après le réquisitoire à fin d'information. La loi du 27 juillet 1849 (art. 16), exigeait que copie de l'ordonnance et du procès-verbal de saisie soient notifiés à l'intéressé. Le législateur de 1881 n'a pas reproduit cette disposition, d'où il faut conclure que cette formalité n'est plus exigée.

Mais lorsqu'il y aura eu condamnation, l'arrêt pourra ordonner la saisie, la suppression ou la destruction de tous les exemplaires qui seraient mis en vente, distribués ou exposés aux regards du public. Il n'y a plus aucun motif alors pour restreindre le droit de saisie, tout au contraire. Il faut remarquer d'ailleurs que la destruction peut ne s'appliquer qu'à une partie des exemplaires saisis. (art. 49 *in fine*.)

247. — La loi nouvelle s'est aussi efforcée de diminuer autant que possible la détention préventive, et elle a encore en cette matière dérogé d'une façon importante au droit commun.

Dans deux cas seulement il peut y avoir détention préventive : si le fait poursuivi constitue un crime, et si le prévenu n'est pas domicilié en France.Ces deux exceptions s'expliquent facilement ; le prévenu non domicilié en France aurait pu se soustraire à l'action de la justice en quittant le territoire français ; d'autre part, celui qui a commis un crime ne saurait réclamer la protection de la loi.

§ III. *De la preuve des faits diffamatoires.*

248. — On a vu plus haut (n° 245) qu'en cas de poursuites pour diffamation, la loi du 29 juillet 1881 prescrit un délai franc de douze jours entre la citation et la comparution en cour d'assises.

Si le prévenu veut être admis à faire la preuve des faits diffamatoires, conformément à l'art. 35 de la loi, il doit dans les cinq jours qui suivront la notification de la citation faire signifier au ministère public près la cour d'assises ou au plaignant, au domicile par lui élu, suivant qu'il est assigné à la requête de l'un ou de l'autre :

1° Les faits articulés et qualifiés dans la citation, desquels il veut faire prouver la vérité.

2° La copie des pièces.

3° Les noms, professions et demeures des témoins par lesquels il entend faire sa preuve.

Cette signification doit contenir élection de domicile près la cour d'assises, le tout sous peine d'être déchu du droit de faire la preuve.

Cette déchéance est d'ordre public et ne peut être couverte par le consentement des parties[1].

249. — Le plaignant qui n'a pas élu domicile au siége de la cour, dans la citation, encourt-il la déchéance ?

Nous pensons que la poursuite intentée par le plai-

---

[1] En ce sens un arrêt de cassation du 1er avril 1881, *France judiciaire*, V, 2. 434.

gnant serait nulle dans ce cas. L'art. 50 prescrit en effet pour le plaignant élection de domicile dans le lieu où siége la cour d'assises, et son dernier paragraphe dispose que « *toutes* ces formalités seront observées à peine de nullité de la poursuite. » Ce mot *toutes* embrasse incontestablement la formalité de l'élection de domicile.

250. — Dans les cinq jours qui suivent la première notification , le plaignant ou le ministère public, suivant le cas, sera tenu de faire signifier au prévenu, au domicile par lui élu, la copie des pièces et les noms, professions et demeures des témoins par lesquels il entend faire la preuve contraire, sous peine d'être déchu de son droit (art. 53).

Il résulte de ces dispositions que les juges ne peuvent ordonner d'offrir la preuve des faits diffamatoires, elle doit être offerte par le prévenu dans les formes qui viennent d'être expliquées. [1]

§ IV. — *De la comparution et du défaut devant la cour d'assises.*

251. — Jusqu'à quel moment le prévenu conserve-t-il droit de faire défaut devant la cour d'assises?

Les art. 54 et 55 de la loi sont formels : jusqu'à l'appel des jurés, ou plus exactement jusqu'à *leur tirage au sort*. Toute demande en renvoi, tout incident de procédure doit être présenté, avant l'appel des jurés, à peine de forclusion (art. 54). L'art. 55 dispose en ces termes : « Si le prévenu a été présent à l'appel des jurés, il ne pourra plus faire défaut, quand bien même il se fût retiré pendant le tirage au sort. En conséquence, tout ar-

---

[1] En ce sens un arrêt de cassation du 29 juin 1882. *France judiciaire* VI, 2, 686.

rêt qui interviendra, soit sur la forme, soit sur le fond, sera définitif, quand bien même le prévenu se retirerait de l'audience ou refuserait de se défendre. Dans ce cas,

sera procédé avec le concours du jury et comme si le prévenu était présent. »

Les dispositions des art. 51 à 55 s'appliquent aussi bien en cas de citation directe que dans l'hypothèse d'une information d'après les règles ordinaires.

252. La loi du 29 juillet 1881 a établi des règles spéciales de procédure en cas de défaut du prévenu ; ces règles sont empruntées d'ailleurs aux lois de 1835 et de 1849, cependant quelques modifications ont été faites. Le prévenu qui ne comparaît pas au jour fixé par la citation est condamné par défaut. Il faut remarquer que le délai pour l'opposition est de cinq jours au lieu de trois accordés par les lois précédentes. De plus, il ne prend cours que si cette signification a été faite à la personne même du prévenu, ou s'il résulte d'actes d'exécution de l'arrêt que le prévenu en a eu connaissance.

Dans le cas contraire, l'opposition sera recevable jusqu'à l'expiration des délais de la prescription.

253. — L'art. 56 § 2 dispose que « l'opposition vaudra assignation à la première audience utile. » On s'est demandé si dans cette hypothèse le prévenu jouit encore du délai imparti par la loi pour notifier la preuve du fait diffamatoire (art. 52), et quel est le point de départ de ce délai.

Il nous paraît résulter des expressions employées par l'art. 56 que le prévenu jouit d'un délai de cinq jours à partir de son opposition. Cet article porte en effet que l'opposition *vaut citation*, à la première audience utile[1].

---

[1] En ce sens un arrêt de la cour d'assises de la Seine du 15 novembre 1881, *France judiciaire* VI, 2, 163.

254. — L'art. 56 dispose dans sa partie finale que les frais de l'expédition, de la signification de l'arrêt de l'opposition et de la réassignation pourront être laissés à la charge du prévenu.

C'est là une faculté donnée à la cour d'assises et qui est conforme à la règle admise en matière civile.

255. — Le prévenu pourrait-il sur son opposition se faire représenter par un fondé de pouvoir ? L'art. 57 consacre la négative, il dispose en effet que le prévenu doit « comparaître *lui-même* au jour fixé. »

256. — En matière de presse, comme en matière criminelle ordinaire, la liste des jurés doit, à peine de nullité, être notifiée aux prévenus[1].

257. — Le *droit de récusation des jurés* n'appartient qu'au ministère public et au prévenu (art. 399 c. d'inst. crim.); il y aurait donc nullité si, en matière de délits de presse déférés à la cour d'assises, la partie civile avait aussi exercé le droit de récusation ; et ce, quand bien même le ministère public aurait déclaré s'associer aux récusations proposées par la partie civile[2].

258. — Lorsque la cour d'assises statue, en matière de presse, sans l'assistance du jury, sur une question de procédure ou un incident quelconque, l'accusé et son conseil doivent toujours, comme en matière criminelle, avoir la parole les derniers[3].

259. — En matière de diffamation par la voie de la

---

[1] Cass. 8 décembre 1881, Prax-Paris, *France judiciaire* VI, 2, 394.

[2] Cass. 8 décembre 1881, Prax-Paris, *France judiciaire* VI, 2, 394.

[3] C. d'assises de la Seine, 30 oct. 1882, Drouet C. Alype, *France judiciaire* VII 2,80.

presse, *la déclaration du jury* doit, comme en toute autre matière éviter les contradictions ; il y aurait notamment contradiction dans la déclaration qui, négative à l'égard du gérant du journal ayant inséré un article diffamatoire en ce qu'il est déclaré « de nature à porter atteinte à l'honneur et à la considération du plaignant, » serait affirmative sur la même question, posée en termes identiques, à l'égard de celui qui a fait publier ledit article[1].

260. — Aux termes de l'art. 358 du code d'instruction criminelle l'accusé, même acquitté, peut être condamné à des dommages-intérêts vis-à-vis de la partie civile, il était difficile d'appliquer cette législation à la presse, M. Lisbonne l'expliquait en ces termes dans son rapport : « Il était difficile de laisser subsister un quasi-délit ; après l'acquittement du délit, et surtout de supposer que le jury, en répondant *non* sur la question de culpabilité intentionnelle n'a pas eu la volonté d'absoudre entièrement le prévenu. »

L'art. 58 dispose donc en ces termes : « En cas d'acquittement par le jury, s'il y a partie civile en cause, la cour ne pourra statuer que sur les dommages-intérêts réclamés par le prévenu. Ce dernier devra être renvoyé de la plainte sans dépens ni dommages-intérêts au profit du plaignant. »

261. — La loi a prévu le cas où la session de la cour d'assises serait terminée quand la poursuite commencerait. Bien que le prévenu ne soit plus comme autrefois sous le coup de la saisie et de la détention préventive, il y avait néanmoins urgence dans la plupart des cas à obtenir une solution, c'est pour cela que l'art. 59 permet la formation d'une cour d'assises extraordinaires.

---

[1] Cass. 8 décembre 1881, Prax-Pari , *France judiciaire* VII, 2' 394.

Elle est formée sur la citation du ministère public ou du plaignant, par ordonnance motivée du premier président; cette ordonnance prescrit le tirage au sort des jurés, conformément à la loi. L'art. 81 du décret du 6 juillet 1810 reste applicable à la cour d'assises. On sait que, d'après ce décret, les présidents de la dernière assise sont nommés de droit pour présider les assises extraordinaires. En cas de décès le remplacement en est fait par ordonnance du premier président.

SECTION XI. — PROCÉDURE EN POLICE CORRECTIONNELLE ET EN SIMPLE POLICE

§ 1. *Plaintes et poursuites.*

262. — La procédure à suivre en police correctionnelle et en simple police est, en principe, celle qui a été établie par le code d'instruction criminelle; trois modifications y ont été seulement apportées, elles seront successivement étudiées.

Le projet de loi soumis à la délibération de la chambre des députés adoptait en principe la disposition du code d'instruction criminelle. Les modifications apportées l'ont été par voie d'amendement.

263. — Le n° 1 de l'art. 60 réserve la nécessité d'une plainte préalable de la partie, dans le cas de diffamation envers les particuliers, prévu par l'art. 32 et dans le cas d'injure prévu par l'art. 33 § 2. C'est l'application du principe admis à ce sujet devant la cour d'assises et nous ne pouvons que renvoyer à ce que nous avons déjà dit à ce sujet. (V. plus haut p. n° 240).

264. — Le n° 2 du même article réduit à vingt-quatre heures, outre les distances, le délai dans lequel devra être donnée la citation pour diffamation ou injures contre un candidat à une fonction élective, *pendant la période électorale.*

Cette disposition est due à l'initiative de M. Lorois. On a dit pour la justifier qu'il peut y avoir un intérêt sérieux à ce qu'un candidat diffamé obtienne la réparation à laquelle il a droit pendant la durée même de la période électorale. Il faut remarquer toutefois que c'est là un intérêt bien restreint et qui ne nécessitait peut-être pas une disposition spéciale de la loi.

265. — La disposition la plus importante de l'art. 60 est celle du n° 3 précisant comment doit être libellée la citation.

Comme pour la procédure devant la cour d'assises, l'art. 50 exige que la citation précise et qualifie le fait incriminée. La jurisprudence en appliquant cette disposition a déclaré qu'il n'était pas utile que les faits fussent qualifiées de l'expression même *diffamatoires*, il suffit que leur caractère ressorte des expressions employées pour les désigner [1].

La citation doit aussi faire connaître le texte sur lequel est basée la poursuite c'est-à-dire l'article de loi visant le fait incriminé [2] ; il suffit du reste d'énoncer le n° de l'article sans qu'il soit besoin de le reproduire en entier. Bien entendu la citation serait nulle si le texte de loi cité n'était pas applicable au fait désigné par la citation. Le texte de loi visé par l'art. 60 § 3 est évidemment le texte contenant la peine du délit poursuivi. C'est en ce sens que la jurisprudence a toujours entendu la dis-

----

[1] Trib. de la Seine. 20 juin 1882. — Quant à l'article de journal poursuivi, il suffit qu'il soit énoncé dans la citation par son titre et par ses premières et dernières expressions (Trib. de Saint-Flour, 10 décembre 1881, abbé Vassal, *France judiciaire*, VI, 2, 296.

[2] Trib. de la Seine. (8e ch.), 29 déc. 1881, Challemel — Lacour et Rochefort, *France judiciaire* VI, 2, 214.

position analogues des art. 163, 195 et 369 du code d'instruction criminelle et rien n'indique que la loi du 29 juillet 1881 ait voulu innover sur ce point[1].

266. La nullité de la poursuite est la sanction de ces formalités. Cette nullité est-elle d'ordre public et ne peut-elle être couverte par la comparution et l'acquiescement des parties ? Nous ne le pensons pas. Il est de prin_cipe en effet que toute nullité d'acte de procédure est couverte si elle n'est proposée avant toute défense au fond (art. 31. de procéd. civ.) et cette solution a toujours été appliquée en matière criminelle[2].

La loi de 1881 ne paraît pas y avoir fait échec, tout au contraire ; lorsque dans l'art 54, elle a édicté une nullité d'ordre public, elle a exigé en termes exprès qu'elle fût présentée avant toute dépense au fond. Or, il n'y a aucune disposition de cette sorte dans l'art. 60[3].

267. — Il faut remarquer que les formalités qui viennent d'être rapportées s'appliquent aussi bien à la citation en police correctionnelle qu'en simple police. Ceci résulte de la rubrique sous laquelle elles sont placées.

Par un paragraphe spécial, la loi déclare applicable aux poursuites en police correctionnelle et en simple police les dispositions relatives à la saisie et à la détention préventive (art. 49[4]).

Enfin la dernière partie de l'art. 60 dispose que le dé-

---

[1] **C. de Paris.** 25 janv. 1882. Challemel — Lacourt et Rochefort, *France Judiciaire*, VI, 2, 242.

[2] **Cas.** 25 nov. 1875.

[3] **Besançon.** 7 juin 1882.

[4] Le texte de l'art. 60 renvoie à l'art. 48, mais c'est là une erreur matérielle évidente. L'art. 48 étant relatif à l'information laquelle ne peut s'appliquer à la police correctionnelle ni à la simple police.

sistement du plaignant arrêtera toute poursuite commencée.

Le Rapporteur au sénat, M. Pelletan, a expliqué ainsi cette disposition : « il est de toute justice que celui qui a lancé la poursuite dans un intérêt essentiellement privé soit toujours maître de la retirer ou de la maintenir.»

§ 2. *Récidive. Circonstances atténuantes.*

268. — Les lois antérieures sur la presse admettaient l'aggravation de la peine à raison de la récidive ; tantôt cette aggravation était facultative, tantôt elle était obligatoire.

La loi de 1881 a posé en principe que « l'aggravation des peines résultant de la récidive ne sera pas applicable aux infractions prévues par la présente loi. » (Art. 63). Il s'agit, bien entendu, des peines édictées par les art. 56, 57 et 58 du code pénal, et non des peines de récidive établies par la loi du 29 juillet 1881 elle-même, car plusieurs de ses dispositions admettent au contraire l'aggravation (art. 2, art. 21, art. 41).

269. — Une innovation libérale a encore été faite par l'art. 63. La loi du 16 juillet 1850 admettait le cumul des peines pécuniaires même lorsqu'il s'agissait de contraventions correctionnelles. Aux termes de la loi de 1881, « en cas de conviction de plusieurs crimes ou délits les peines ne se cumuleront pas et la plus forte sera seule prononcée. »

Cette disposition conduisait à l'admission du principe des circonstances atténuantes pour tous les délits de presse. La législation précédente avait restreint à certains cas spéciaux l'application de l'art. 463 ; le législateur de 1881 l'a généralisée : les circonstances atténuantes sont applicables à tous les cas prévus par la loi nouvelle (art. 4).

La peine prononcée ne peut excéder la moitié de la peine édictée par la loi.

§ 3. *Voies de Recours.*

270. — La loi du 29 juillet 1881 ne contient aucune disposition spéciale sur l'opposition et l'appel des jugements de police correctionnelle et de simple police[1]. Il faut donc se conformer aux règles ordinaires de la procédure en cette matière.

271. — Au contraire, le pourvoi en cassation a fait l'objet de prescriptions particulières écrites dans les art. 61 et 62 de la loi.

Le droit de se pourvoir en cassation appartient au prévenu et à la partie civile, mais pour cette dernière, seulement quant aux dispositions relatives à ses intérêts civils (art. 61). Le même droit n'appartient pas au ministère public.

272. — Dans un but de faveur, le pourvoi est dispensé de la mise en état, et de la consignation d'amende, ce qui n'empêche pas, bien entendu, qu'en cas de rejet du pourvoi, le demandeur ne puisse être condamné à l'amende. L'art. 61 n'a eu pour but que de dégager le pourvoi de toute mesure préalable pouvant en empêcher ou en retarder la formation. Les avocats à la cour de cassation sont les mandataires ordinaires des parties pour soutenir le pourvoi, qui est porté devant la chambre criminelle de la cour suprême.

273. — Contre quelles décisions peut être formé le pourvoi? — En vertu des principes généraux on ne peut

---

[1] On a vu plus haut (n° 253) que l'opposition devant la cour d'assises était réglé par des dispositions spéciales.

se pourvoir que contre les décisions définitives en dernier ressort, et non contre les décisions préparatoires Les art. 301 et 416 du code d'instruction criminelle font une exception pour les jugements rendus sur la compétence qui ne sont pas considérés comme préparatoires et contre lesquels le pourvoi est possible contrairement à ce qui avait lieu sous l'empire des lois de 1849 (art. 20) et 1875 (art. 9). La loi du 29 juillet 1881 ne contient aucune disposition sur les jugement de compétence, il faut donc en conclure qu'elle n'a pas entendu déroger aux principes généraux qui viennent d'être exposés et qu'elle admet le pourvoi contre les décisions [1].

La jurisprudence décide toutefois que certains jugements préparatoires peuvent être susceptibles de pourvoi quand ils préjugent le fond [2].

274. — Le pourvoi doit être formé au greffe de la cour ou du tribunal dont la décision est attaquée ; c'est l'application de la règle générale en matière criminelle et correctionnelle.

Le délai est de trois jours à partir et sans compter le jour où la décision a été rendue pour les décisions contradictoires, et du jour où le délai de l'opposition est expiré pour les décisions par défaut.

On ne doit pas compter dans la supputation du délai le jour de la décision, mais faut-il compter le dernier des trois jours, en d'autres termes, le délai est-il franc ou non ?

L'art. 373 du code d'instruction criminelle donne un délai *franc* de trois jours pour former le pourvoi. C'est-à-dire que le jugement rendu le 1er peut être utilement

---

[1] Cass. 24 fév. 1882. — Voir aussi un arrêt de la cour d'assises de la Seine du 26 décembre 1881, Tonnelier, Lange et Vidal, *France judiciaire*, VI, 2, 212.
[2] Cass. 19 mars 1882.

attaqué le 5. La même solution nous paraît applicable en matière de presse.

275. — Pour aider à la rapidité de la procédure, l'art. 62 dispose que dans le délai de vingt-quatre heures, les pièces seront adressées à la cour de cassation qui statuera dans les dix jours de leur réception. Ces dispositions sont dépourvues de sanction, et dans la pratique on se borne à aller aussi rapidement que possible sans observer les délais précités.

Il faut remarquer en terminant que les dispositions relatives au pourvoi s'appliquent aux tribunaux de simple police et correctionnels, aux cours d'assises et aux arrêts des chambres d'accusation.

CHAPITRE IX

DISPOSITIONS TRANSITOIRES

276. — Sous la rubrique *dispositions transitoires*, la loi du 27 juillet 1881, comprend un certain nombre de prescriptions relatives à son exécution. Les articles 66 et 67 ont pour objet de régler les nouvelles dispositions concernant la gérance et le cautionnement. Le commentaire en serait superflu, il suffit de se rapporter au texte [1].

277. — L'art. 68 a pour but d'abroger toutes les dispositions antérieures sur la presse. L'intention bien arrêtée du législateur de 1881 a été de refaire en entier la législation sur la presse, et par conséquent d'abroger toutes les dispositions législatives précédentes. Le contexte de l'art. 68 ne laisse aucun doute sur ce point. Une disposition spéciale due à l'initiative de MM. Barthe et Gaslonde abroge les art. 31 et 32 de la loi du 10 août 1871 sur les délibérations des conseils généraux ; désormais

---

[1] Voir plus haut (n° 242) la circulaire du ministre des finances sur ce point.

les délibérations de ces assemblées pourront être appréciées par la presse, sans qu'elle soit obligée de reproduire le compte-rendu officiel.

278. —L'art. 68 a-t-il eu pour effet d'abroger les dispositions fiscales relatives à l'affichage, écrites dans le décret du 25 août 1852 ? Nous ne le pensons pas, il n'est question dans l'art. 68 que des dispositions relatives à la liberté de l'affichage, à l'autorisation préalable etc. et non des dispositions fiscales. C'est du reste la doctrine du ministère de la justice [1].

279. — On sait que les lois de la métropole ne sont applicables aux colonies qu'après une promulgation spéciale, à moins qu'il en soit autrement ordonné. La question n'est pas aussi nettement tranchée pour l'Algérie, cependant on admet que les lois ne sont applicables à cette colonie qu'en vertu d'une promulgation particulière. L'art. 69 a pour but d'empêcher toute espèce de doute sur ce point. « La présente loi, dit-il, est applicable à l'Algérie et aux colonies. »

Certaines colonies ne possédant pas de cours d'assises, il était nécessaire de régler comment la loi leur serait appliquée, un décret du 14 mars 1882, y a pourvu en ces termes : « Art. 1er dans les colonies françaises de la Guyane, du Sénégal, de Saint Pierre et Miquelon, la Nouvelle Calédonie et la Cochinchine, ainsi que dans les établissements français de l'Inde et de l'Océanie, les crimes et délits prévus par la loi du 29 juillet 1881, sur la liberté de la presse et qui sont déférés en France à des

---

[1] Circul. du 31 avril 1882 et circul. du ministre des finances du 27 avril 1881. — Consulter également la circulaire du préfet de police en date du 18 juillet 1882, sur les contraventions en matière d'affichage, et dont le texte a été publié dans la *France Judiciaire* VI, 2, 646.

cours d'assises, seront portés devant les tribunaux criminels composés conformément aux ordonnances et aux décrets sur l'organisation judiciaire en vigueur dans les possessions. — Lorsqu'un prévenu ne comparaîtra pas au jour fixé par la citation, il sera jugé par défaut par le tribunal criminel, sans assistance ni intervention des oppresseurs. »

280. — Le projet de loi ne contenait aucune amnistie sur les délits commis antérieurement à la promulgation de la loi. C'est à l'initiative de M. Villiers qu'est due cette mesure devenue l'art. 70 de la loi. Amnistie est accordée pour tous les crimes et délits commis antérieurement au 16 février 1881 ; une seule exception est faite pour l'outrage aux bonnes mœurs puni par l'art. 28 de la loi.

Les amendes non perçues ne seront pas exigées ; les amendes déjà perçues ne seront pas restituées, à l'exception de celles qui ont été payées depuis le 16 février 1881.

Sur la proposition de M. Gatineau, la chambre a ensuite adopté une loi distincte portant également la date du 29 juillet 1881 et conçue en ces termes : « L'amnistie prévue par la loi sur la liberté de la presse sera appliquée à tous les crimes et délits commis antérieurement au 21 juillet 1881. »

281. — L'amnistie n'a d'effet que vis à vis de l'action publique et laisse subsister l'action civile des tiers en réparation du dommage qui leur est causé ; ceci est de principe, mais l'art. 70 de la loi de 1881 prend de plus le soin de réserver cette action, aucun doute ne peut donc s'élever sur ce point [1].

---

[1] Voir sur ce point un jugement du tribunal de la Seine en date du 3 août 1881, Osiris, *France judiciaire.* V, 2, 704 ; — Trib. de Saint-Nazaire, 24 août 1881, Damerval *Idem* VI, 2, 27 ; — Cass. 18 nov. 1881 ; — Trib. de Chambéry. 25 janvier 1881.

282. — La loi du 29 juillet 1881 a été déjà l'objet de critiques bien vives, on a constaté ses lacunes et ses imperfections, des esprits sérieux ont même contesté quelques-uns des principes sur lesquelles elle est fondée, et notamment l'application de la juridiction du jury aux procès de presse. Il faut reconnaître toutefois, qu'au point de vue pratique, elle a accompli un progrès immense en codifiant les dispositions si nombreuses qui régissaient la presse. Aujourd'hui le publiciste, comme l'avocat et le magistrat, se trouvent en présence d'une loi unique ; quelles que soient les imperfections de cet acte, on ne peut nier que son unité ne constitue, en législation comme en pratique, un véritable progrès.

FIN

TABLE DES MATIÈRES

FIN DE LA TABLE

Imprimerie de DESTENAY, Saint-Amand (Cher).

LIBRAIRIE G. PEDONE-LAURIEL, 13, RUE SOUFFLOT PARIS

LE DROIT PUBLIC

JOURNAL

DU

DROIT ADMINISTRATIF

FONDÉ EN 1853

PAR

CHAUVEAU ADOLPHE

ANCIEN AVOCAT AU CONSEIL D'ÉTAT

ANCIEN DOYEN DE LA FACULTÉ DE DROIT DE TOULOUSE

CONTINUÉ PAR

AMB. GODOFFRE ET ROZY

DIRIGÉ PAR

G. POIGNANT	C. BAZILLE
Docteur en Droit	Docteur en Droit
Avocat à la Cour de Paris.	Avocat au Conseil d'État et à Cour de cassation.

A. GAUTHIER (de Clagny)

Avocat à la Cour de Paris.

CONTENANT LES

LOIS, DÉCRETS, ORDONNANCES DE POLICE, INSTRUCTIONS, ETC.

JURISPRUDENCE DU CONSEIL D'ÉTAT,

DES CONSEILS DE PRÉFECTURE, DES COURS ET TRIBUNAUX EN

MATIÈRE GÉNÉRALE, DÉPARTEMENTALE ET COMMUNALE

Prix de l'Abonnement annuel : 12 francs par an.

Les abonnements partent du 1er janvier de chaque année.